现代团体心理辅导的理论与实践研究

许艳凤　著

延边大学出版社

图书在版编目（CIP）数据

现代团体心理辅导的理论与实践研究 / 许艳凤著 . --
延吉 : 延边大学出版社, 2021.10

ISBN 978-7-230-02266-8

Ⅰ．①现… Ⅱ．①许… Ⅲ．①集体心理学－心理辅
导－研究 Ⅳ．①C912.2

中国版本图书馆CIP数据核字(2021)第220140号

现代团体心理辅导的理论与实践研究

著　　者：许艳凤
责任编辑：李鹏飞
封面设计：王　朋
出版发行：延边大学出版社
社　　址：吉林省延吉市公园路977号　　邮编：133002
网　　址：http://www.ydcbs.com
E-mail:ydcbs@ydcbs.com
电　　话：0433-2732435　　　　　　传真：0433-2732434
发行部电话：0433-2733056
印　　刷：北京市迪鑫印刷厂
开　　本：787毫米×1092 毫米　　1/16
印　　张：12
字　　数：238千字
版　　次：2022年3月第1版
印　　次：2022年3月第1次印刷
书　　号：ISBN 978-7-230-02266-8

定价：58.00元

前　言

　　团体心理辅导是针对有共同心理需要的人群，在团体成员之间相互分享、相互支持，从而解决自身心理问题的一种心理辅导。对于教师来说，在教育大学生时，不仅要关注大学生的学习成绩，而且要关注大学生的心理发展，这样才能培养大学生的综合能力，让大学生全面发展。

　　团体心理辅导作为一种新兴的教学方式，在我国开展的时间并不长，却具有非常广阔的应用前景。近年来，在国家教育部拟定的关于构建心理健康教育体系、实现全员性心理健康教育的目标中，团体心理辅导作为一种重要途径，扮演着至关重要的角色。目前，它被广泛应用于大学生心理健康教育、危机心理援助、婚姻家庭咨询、企事业单位团队建设等领域，对培养健康的个体、打造美满的家庭、形成良好的人际关系、创建和谐的社会以及心理疾病的预防、治疗和康复等起着非常重要的作用。因此，团体心理辅导对社会发展具有重要的现实意义。

　　本书兼顾专业性、实用性和可读性，而且具备较高的可操作性，无论是经验丰富的心理工作者，还是对团体心理辅导感兴趣的学习者，都可以从中找到学习的知识点，希望本书可以为大家的工作、学习提供些许帮助。另外，本书在撰写过程中，参考了大量资料，借鉴了很多学者、专家的宝贵经验，在此表示衷心的感谢。由于团体心理辅导涉及面广，加上作者水平有限，书中难免存在不足之处，恳请广大读者批评和指正。

目　录

第一章　团体心理辅导解读 ··· 1

　　第一节　团体心理辅导概况 ··· 1

　　第二节　团体心理辅导的类型 ·· 8

　　第三节　团体心理辅导的特征与功能 ··· 10

　　第四节　团体心理辅导的目标与原则 ··· 12

第二章　团体心理辅导的理论基础 ·· 15

　　第一节　团体动力学理论 ··· 15

　　第二节　相互作用分析理论 ·· 20

　　第三节　社会学习理论 ·· 25

　　第四节　人际沟通理论 ·· 31

　　第五节　团体焦点冲突理论 ·· 36

第三章　团体领导者 ··· 38

　　第一节　团体领导者的含义 ·· 38

　　第二节　团体领导者的条件 ·· 45

　　第三节　团体领导者的角色与功能 ··· 49

　　第四节　团体领导者的伦理与培训 ··· 55

第四章　团体心理辅导的实践操作 ·· 62

　　第一节　团体心理辅导的操作过程 ··· 62

　　第二节　团体心理辅导效果的影响因素 ······································ 68

　　第三节　团体心理辅导的常用技术 ··· 71

　　第四节　团体心理辅导的开展形式 ··· 76

第五章　团体心理辅导方案 ··· 89

　　第一节　团体心理辅导成员甄选 ··· 89

第二节　团体心理辅导方案的设计 ………………………………… 92

第三节　团体心理辅导方案的评估 ………………………………… 102

第四节　团体心理辅导游戏的编制 ………………………………… 107

第六章　团体心理辅导技术在高校教育中的应用 …………………… 112

第一节　团体心理辅导在高校新生适应教育中的应用 …………… 112

第二节　团体心理辅导在高校学生情绪管理中的运用 …………… 118

第三节　团体心理辅导在高校课程教育中的应用 ………………… 127

第七章　团体心理辅导案例 ………………………………………… 133

第一节　人际关系辅导 ……………………………………………… 133

第二节　自我意识辅导 ……………………………………………… 143

第三节　情绪管理辅导 ……………………………………………… 153

第四节　时间管理辅导 ……………………………………………… 161

第五节　思维创新辅导 ……………………………………………… 171

参考文献 …………………………………………………………… 183

第一章　团体心理辅导解读

第一节　团体心理辅导概况

团体心理辅导在帮助大学生提高心理素质、解决心理困扰、发挥个人潜能、改善人际关系等方面有良好的促进作用。团体心理辅导是在团体心理环境下为成员提供心理帮助与指导的一种心理辅导形式，即以团体为对象，运用适当的辅导策略或方法，通过团体成员间的互动，帮助个体在人际交往中认识自我、探讨自我、接纳自我，学习新的态度与行为方式，增强适应能力，调整和改善团体成员间的关系，以预防和解决心理问题并激发个体潜能的过程。

一、团体心理辅导的概念

团体心理辅导是指教师或辅导人员，面对多数被辅导者——大学生，基于社会及团体动力的原理，运用适当的辅助技术，以协助个体自我了解、自我发展及自我实现的过程，它是一个"助人自助"的过程，是一种协助与服务方式，属于教育活动的性质。团体心理辅导是一种预防性、发展性的工作，它运用团体的情境，设计出活动、课程、内容，用来引导个体解决在各发展阶段会碰到的各类问题以及所引发的一般性困扰。这种自我教育活动以积极的人的发展观为理念，以人的成长、发展为中心，相信人的潜能，引导、帮助人主动参与、自我体验、自我领悟、自我实践，解决人在成长过程中碰到的问题，开发人的潜能，进而达到更好地发展的目的。

（一）团体心理辅导是心理辅导的一种形式

心理辅导的形式有两种，即个别辅导和团体辅导。相对于个别辅导，团体辅导的感染力强，影响广泛，效果容易巩固，而且效率高，省时省力。心理辅导是一种"助人自助"的过程，"助人"就是协助或帮助他人，而"助人自助"就是协助求助人认识自己面临的困境，引导其自我探索、自我挑战、自我了解，并采取有效的行动，自己解决自己的问题。因此"助人"注重的是一种过程，而不是一种结果。例如，某人想吃鱼，却钓不到鱼，因而向你求助，你有三种方法可以帮他：一是自己钓鱼送给他；二是教他钓鱼的方法，让他用新的方法钓鱼；三是先让他认识自己的钓鱼方法，为什么用他自己的方法钓不到鱼，学习了解用什么样的方法才能钓到鱼，并且尝试改变以前的方法，用新的方法钓鱼。上述三种方法的结果是一样的，即这个人吃到了鱼，但对钓鱼者的影响却不一样：使用方法一，钓鱼者虽吃到鱼，但却不会自己去钓鱼；使用方法二，钓鱼者吃到了鱼，也学到了钓鱼的方法，但却不知道用自己原来的方法为什么钓不到鱼；使用方法三，钓鱼者吃到了鱼，既知道了用自己原来的方法钓不到鱼的原因，又学会了新的钓鱼方法。由此可见，第三种方法才是真正有意义的助人行为。

助人需要一种尊重、信任、平等、协调的关系，助人关系不同于朋友关系，它要求以客观的态度，有目的、有方向的方法去帮助人，强调辅导者要尊重、接纳、聆听受导者自身的领悟，关注受导者内心的转变。

（二）通过"团体"方式去辅导他人

人是群体性动物，希望归属于某种团体，并被团体成员所接纳，我们生活在团体的世界里，每个人的生活都离不开团体。团体是由两个或两个以上的人组成的，少则三五人，多则几十人，团体成员在共同的活动中相互交往、相互作用，因此会产生一系列的社会心理现象，如团体气氛、人际关系、暗示、模仿、从众现象等，这些心理现象会对人的心理与行为产生深刻的影响。

二、团体心理辅导的价值

团体心理辅导被应用在很多领域，它可以满足人们的多种需求。团体心理辅导之所以受到欢迎，是因为对于个体心理辅导而言，团体心理辅导具有独特的价值，团体成员既可以在团体活动过程中学习技能，也可以在团体之外掌握新技能。更重要的是，在团体活动过程中，个体可以通过团体的领导者和成员的反馈以及自我的不断领悟，逐步成长。此外，团体心理辅导还在以下几个方面具有独特价值：

第一，团体心理辅导不同于一般的团体活动。我们都很熟悉团体，在日常生活中，我们常常归属于不同的团体，如家庭团体、班级团体、朋辈团体、户外运动小组等，经常花时间参与团体活动。因此，有人认为，没有必要花专门的时间、精力甚至是经费加入团体进行专门的心理辅导，害怕被别人说成有心理疾病，其实这种说法有失偏颇。团体心理辅导具有专业性，正规的团体心理辅导都是由受过专门的心理辅导训练的人组织的，他们已经掌握了专业的心理学理论和方法，在辅导前进行过周密的准备。辅导前准备包括两个方面：一是对于团体心理辅导的心理准备，包括对特定问题的理论学习，对于类似问题、案例的间接体验，并且主动实践过团体心理辅导的方法，验证过该方法对团体心理辅导的效果是有保证的；二是对于团体心理辅导的环境准备，包括专业的团体心理辅导室以及对每次团体心理辅导时间的控制等。以上两个方面是一般的团体活动不具备的。

第二，一般团体活动的负面效应不好控制。例如，消极型非正式团体，不仅安全性得不到保障，而且成员间的相互联系不紧密。通常情况下，这种非正式团体内部没有一个得到全体成员认可的领袖，经常分为好几个小团体，每一个小团体都分别有一个领袖，且某些领袖并不认同组织，存在个人利益高于组织利益的思想。再如，破坏型非正式团体，这种非正式团体形成一股足以和组织抗衡的力量，团体内部成员不接受正式团体的领导，而听从非正式团体领袖的命令，且抗衡的目的是出于自身利益，为谋求非正式团体的利益，不惜损害正式团体的利益。

第三，团体心理辅导可以让团队成员在团队中的表现更好。参加团体心理辅导的成员都遵循自愿原则，自愿是一种内在动机，能促使团队成员在团队中积极表现。美国心理学家德西（Deci）和瑞恩（Ryan）提出的自我决定理论认为，社会环境可以通过支持自主、胜任和关系这三种基本心理需要的满足来增强人类的内部动机，促使外部动机的内化，团体心理辅导能起到这种作用。此外，在团体氛围中，心理辅导的目标不仅会促进积极的思维，而且会推动积极的体验、互动和改变，从而激发他们对团体的喜欢和投入，对团队成员的欣赏和感激，因而能激发他们更高水平的心理健康、快乐和幸福。

团体心理辅导已经成为学校心理健康教育的主要形式。团体心理辅导促使个体在交往中通过观察、学习、体验，已经在以下几个方面实现了积极的改变：认识自我、探讨自我、接纳自我、发展个体独特的身份感；学会信任自己和他人，学会用新的视角来看待自己和他人；寻求一般发展性问题和特定矛盾冲突的解决方法；学会更多有效的社会沟通技巧；对他人的需要和感受更加敏感；学会如何通过关心、呵护来促进他人成长；认识自己的价值观，并且决定是否以及如何对其加以改善。

三、团体心理辅导的发展历程

（一）在美国的发展

团体心理辅导最早是从欧美发展起来的，目前已经在全世界得到广泛应用。美国人本主义心理学家卡尔·兰塞姆·罗杰斯（Carl Ransom Rogers）曾经说过，20世纪人类社会最伟大的发明之一是"小团体运动"。通过团体活动，人们可以重新探索自我，发挥潜能。团体为人格重塑提供了机会，团体经验无论是对个人还是对社会都有重要影响。

随着世界政治、经济、社会、文化格局的变化，团体心理辅导已经被越来越广泛地应用在教育、辅导、治疗等活动中。

最早尝试将团体形式用于心理治疗的是美国的内科医生普拉特（J.H.Pratt）。1905年，他将二十多位住院的肺病患者组成一个团体，采用讲课、讨论和现身说法等形式开展治疗，结果非常理想。因此，普拉特被认为是团体心理辅导的先驱，他的实践和尝试具有开创性意义。班级团体心理辅导的最早尝试源于美国密歇根的一所中学，由校长戴维斯（Davis）利用英语作文课，在学校开展了每周一次的"职业与道德辅导"，被认为是班级团体辅导的最早尝试。20世纪30年代初，美国心理学家斯拉夫森（Slavson）在纽约运用团体治疗的方式为有行为问题的青少年进行了开创性的辅导，并将团体治疗分成活动型团体治疗、分析型团体治疗两种类型。20世纪40年代，交往分析治疗体系的创始人伯恩（Berne）在部队服役期间，在军人中开始尝试团体心理治疗，他提出的相互作用分析理论已成为交流分析团体心理辅导的主要理论依据。1947年，在美国社会心理学家库尔特·勒温（Kurt Lewin）的指导下成立了团体人际关系技术训练实验室，即NTL（National Training Laboratory），这是一种借助于较自由的团体活动与讨论，使团体对人际关系问题变得更加敏感的训练，因此也称敏感性训练。1949年，正式命名为"T小组"，NTL的建立对团体心理辅导的发展具有重要意义，因为从那以后，团体心理辅导的对象得到了进一步的扩大，不仅针对有心理或行为问题的人，而且可以为正常人提供一种促进其发展的学习机会。与此同时，集体心理治疗也得到了发展，美国著名精神病专家沃尔夫（Wolf）首先将弗洛伊德的经典精神分析理论应用于集体心理治疗。在集体心理治疗过程中采用自由联想、梦的解析、移情、谈心和游戏等方法，将小组成员被压抑的情绪和内心的冲突挖掘、暴露、宣泄出来，然后加以疏导，使他们对症状逐渐获得领悟。20世纪60年代，人本主义兴起，罗杰斯等大力提倡的会心团体受到社会各界广泛认可，会心团体也称"交朋友小组"，有多种形式，如讲练小组、个人成长小组、潜能发展小组、团队建设小组、基础交友小组、感知小组等形式。这些团体都强调团体中的人际交往经验，其目的不是治疗，而是促进个人的成长。

20世纪60年代末，美国建成了75个训练中心，可以开展各种类型的团体心理辅导活动。会心团体吸引超过500万美国人自愿参加。此外，还有数百万人参加了其他类型的团体活动，如自助小组或集体心理治疗。到20世纪90年代，发展性团体心理辅导进一步受到重视，并在医疗咨询、学校教育、个体自我发展等日常生活中得到了广泛应用。团体心理辅导发展到21世纪，地位越来越高，美国麻省理工学院的比默克（Bemok）教授认为，人与人之间的联系更加紧密了，而且有了科学技术上的支持，而这恰恰需要有更多地着眼于培养健康人际关系的团体活动……人际关系技巧与人际关系意识变得尤为重要。2000 年，美国团体工作专业人员协会全国会议召开时，会长比默克进行了题为"有效的团体辅导：全球化的观点"的主题发言：这个社会、这个世界存在着太多的问题——吸毒、酗酒、贫困、虐待、暴力、种族歧视、性别歧视、排斥、未成年怀孕、犯罪、辍学以及学业失败、自杀、仇恨、战争等，这还只是列举了一少部分。而我们现在的心理辅导工作就是要尽量更好、更有效地处理这些问题。他认为，要想使心理辅导工作做得更好，团体辅导、家庭活动和社会调节将是更有效的方法。在美国和其他国家进行辅导时，每当处理上述问题时，他总会得出同一个结论和关于这个结论的各种各样的反应。这个结论就是，个体心理治疗不可以完全有效地解决这类问题，但团体心理辅导、家庭活动和社会调节可以。

（二）在日本的发展

日本是近代心理学发展较早的国家之一。19 世纪 80 年代至 20 世纪初，是日本心理学的奠基时期，日本心理学是在西方心理学，主要是德国心理学的影响下发展起来的，但日本的心理咨询却是在第二次世界大战结束后受美国的影响而兴起和发展起来的。20 世纪 50 年代，产业界首先引入了敏感性训练团体心理辅导。1969 年，在美国留学的罗杰斯的学生濑稔将会心团体引入日本，成为日本高校从美国引进团体心理辅导的开端。自此，团体心理辅导在日本高校中得到迅速发展。在推进团体心理辅导的发展过程中，立教大学基督教研究所、九州大学、产业能率大学等曾发挥过重要作用。20 世纪 70 年代，团体心理辅导发展非常活跃，在咨询界、教育界、护理界、产业界十分流行，仅人际关系研究会的参加者就超过 1 万人。到 20 世纪 70 年代后期，团体心理辅导已经成为日本高校学生服务工作中心理咨询活动的重要组成部分。20 世纪 80 年代以来，主办团体心理辅导的机构和个人数量增多，如日本咨询员协会、日本咨询中心、东京咨询学校等，还出版了《会心团体》《团体精神疗法入门》等著作。日本的团体心理辅导主要以罗杰斯的理论为基础，目的是提高参加者的交往能力，改善适应能力，提高自我认识，增进身心健康。在日本的大学里，各种类型的团体心理辅导活动十分活跃。1978 年以来，团体心理辅导已经成为心理咨询活动的重要组成部分。20 世纪 80 年代以后是日本团体心理辅导与治疗发展的活跃期，陆续出版了一些团体心理辅导与治疗的译著和专著。森田正马创立的"森田疗法"在日本团体心理辅导中也得到了广泛应用，"生活发现会"就是一种代表形式。目前，全日本有 137 个"生活发现会"，"生活发现会"通过多种形式的活动，如集体座谈会、学习会、读书会、恳谈会、亲睦会、合宿会、郊游、联欢等形式，交流学习和实践森田疗法的感受和体会、经验和教训。成员间没有医患关系，只有新会员和老会员之分，参加者互相启发、互相支持、互相鼓励、互相帮助。新会员在集体学习过程中向老会员述说自己的苦恼，老会员根据自身战胜神经质症的经验给予新会员指导和帮助。新会员以老会员的经验及帮助为行动指导，努力克服神经质症。而那些通过学习及团体活动，已经从神经质症的苦恼中解放出来的老会员在帮助新会员的同时，可以进一步加深对自我的洞察，发挥自己的个性，继续完善自己。

（三）在我国的发展

我国台湾地区的团体辅导与心理治疗研究、实践已有四十多年的历史，是我国团体心理辅导发展较早的地区。1987 年，我国台湾地区学者陈若璋、李瑞玲发表了《团体咨询与治疗研究的回顾评论》一文，综合分析了我国台湾地区 15 年来有关团体心理辅导与治疗研究的文献 59 篇，其中最早的一篇发表于 1972 年，他们发现团体心理辅导在学校应用最多，高达 88%。团体心理辅导和治疗的类型比较多，其中 85% 是结构式团体，具体包括人际关系训练，自我肯定训练，朋辈辅导训练，学习、会心、成长、价值澄清、克服焦虑、男女社交技巧训练。团体心理辅导与治疗所采用的理论流派包括行为疗法、认知疗法、合理情绪疗法、现实疗法、沟通分析疗法、阿德勒疗法等。

20 世纪 70 年代，我国香港地区的心理辅导与治疗开始受到重视，但作为以培养青少年健全人格为目的的团体活动最早尝试是在 1920 年 8 月。香港青年会组织了"童子营"，27 位青年参加了为期 9 天的营地活动，团体目标是学习自律及在团体中自我约束，增进友谊，使学习者身心愉快；加强个人的社会适应能力，养成良好的生活习惯；扶植领袖才干，学习技能，培养品格。香港地区高校的心理辅导现已形成完善的辅导体系。大学的学生事务处都有辅导中心，为大学生提供个别心理咨询、团体咨询（小组辅导）与职业咨询，学校安排的辅导活动系统而全面，如新生辅导、择业技巧辅导、就业压力疏导等，各高校大学生辅导工作都包含团体心理辅导形式。辅导员可以安排有共同需要和共同目标的大学生组成小组，通过一些体验性的游戏、活动，鼓励大学生互相交流，提高其解决问题的能力。有时，这类小组是治疗性的，如焦虑处理、压力处理等，但更多的是发展性的，如领袖训练、个人成长、生活技巧、读书技巧、人际沟通、自我认识、自我形象设计、演讲、恋爱、性教育、朋辈辅导训练等，期望大学生能在身体、智能、情绪、社交、职业、精神诸多方面得到均衡的发展。

香港浸会大学以各种长、短期的成长小组、沟通小组、人际关系小组辅导着该校大学生。香港理工大学则根据大学生成长的需要，设计和安排各种类型的增长见闻、开阔视野、投身社会的团体实践小组。香港大学的心理辅导中心成立于 20 世纪 70 年代初，宗旨是协助大学生尽可能地发展智能与个人潜在能力，消除不利因素，促进大学生优良品质的发展。该校社会工作系的陈丽云教授从素食、气功等方式中得到启发，提出并开创了"身心灵全人健康模式"。该模式将传统医学、养生学、哲学思想等融会贯通，把太极、瑜伽、冥想等多种方法融入团体心理辅导过程，让团体成员借助各类身体活动和相关技巧，达到自我改变的目的。"身心灵全人健康模式"已在很多不同的专业机构和对象群体中使用，如大学生、离婚女性、抑郁症患者、癌症患者等，并取得了较好的效果。

在香港地区从事团体咨询的指导者多有临床心理学、咨询心理学以及社会工作训练背景。林孟平的《小组辅导与心理治疗》、吴梦珍的《小组工作》、陈丽云的《身心灵互动健康模式：小组辅导理论与应用》等书籍对于推动团体心理辅导的开展起到了重要的作用。

虽然团体形式的工作早已存在，但是专业的团体心理辅导在内地的发展历史并不长。20世纪90年代初，团体心理辅导被引入内地。1991年6月，中国心理卫生协会学生心理咨询专业委员会在国家教育行政学院举办了"全国第一期大学心理咨询员培训班"，日本筑波大学心理系松原达哉教授介绍并带领成员学习和体验。

1991年10月，清华大学心理学系教授樊富珉开始进行团体咨询师培训。进入21世纪，随着我国社会经济改革步伐的加快，心理咨询与心理健康教育逐渐受到政府的重视，先后出台了多个文件强调心理健康的重要性，如2001年教育部社会科学研究与思想政治工作司第1号文件《关于加强普通高等学校大学生心理健康教育工作的意见》。为了培训心理健康专业骨干教师，2001年，教育部在天津师范大学设立了全国培训中心，在培训课程中安排了8学时的团体心理辅导教学。2003年，北京大学心理系开设了"团体心理咨询与治疗"研究生课程。2004年，清华大学教育研究所在应用心理学硕士培养中开设了"团体心理辅导"课程。在书籍出版方面，一方面是引进国外的教材，如《团体心理治疗：理论与实践》《团体咨询方法：培训师手册》《团体咨询：策略与技巧》等；另一方面是内地心理学家出版的教材，如樊富珉的《团体咨询的理论与实践》《大学生心理健康研究》《团体心理咨询》《团体心理辅导》等，杨眉的《社交焦虑团体心理治疗》，刘勇的《团体心理辅导与训练》，罗京滨、曾峥的《大学生团体心理辅导实操指南》等。这一系列书籍的出版为内地的团体心理辅导发展作出了较大贡献。

在团体心理辅导应用研究方面，内地团体心理辅导应用研究集中在团体效能、团体形式、团体规模等方面，多为结构式团体心理辅导。团体心理辅导对促进大学新生适应环境非常有效；团体心理辅导帮助矫治神经症倾向的大学生；团体心理辅导有利于促进青少年的人格发展；团体心理辅导有利于改善大学生抑郁，能够提高大学生的自信心；团体心理辅导可以改善青少年人际交往障碍等。自2001年以后，各类学术会议、报纸和杂志中有关团体心理辅导的论文数量明显增加。

第二节　团体心理辅导的类型

一、根据团体辅导活动的程序性划分

（一）结构式团体

结构式团体是指为了帮助成员学习，事先做了充分的计划和准备，根据团体所要实现的目标来设计相应活动程序和引导成员积极参与的团体。这种类型的团体优点在于：团体目标明确，领导者与成员的角色明确，活动安排程序化，重视团体互动气氛，改善成员的行为，有团体聚焦的主题等。例如，发展性辅导团体。

（二）非结构式团体

非结构式团体是指不刻意安排有程序的固定活动，强调成员自主性的团体。团体领导者承担较少的责任，其主要任务是促进成员互动，但很少介入团体目标与方法，团体目标与团体进程由成员在互动中自己探究，这种团体在初期往往表现为一种无组织状态。国外学者指出，非结构式团体是以非指导性的程序结构进行的。在这种结构下，领导者的角色比较隐蔽，成员的学习是在活动过程中自然发生的，经由怀疑、焦虑、愤怒、挫折，逐渐转向澄清、重构、分享和认同。成功的非结构式团体可能产生高度的团体内聚力和治疗功能，一般来说，这种形式的团体更适合年龄较长、心智成熟、表达能力较强的人。

二、根据学校团体辅导的组织模式划分

（一）发展性辅导团体

发展性辅导团体是学校心理教育的基本团体模式，也是应用最为广泛的团体辅导形式。人的心理素质和能力是一个不断发展的过程，在成长的不同阶段与过程中，个体必然会不断遇到某些暂时性的心理困扰，如果能有效地克服这些不可避免的心理问题或挑战，人就能获得心智的成长。因此，发展性辅导团体的主要目的是通过团体成员的主动参与，有效地表达自我，找到团体成员共同的兴趣与目标，在此基础上通过交流、互动、体验和反思，得以自我成长与自我完善。

发展性辅导团体的功能具体表现在：一是使个体已经弱化的社会功能与技巧在团体中得到修正与增强；二是使个体掌握社会技巧来解决自我问题；三是可以协助成员走向

自我完善，激发心理潜能。这些功能的实现依赖于四个重要条件：一是为成员提供情感、思想宣泄的机会；二是成员能从团体获得心理支持，满足被接纳和归属的需要，提升自尊心和自信心；三是成员能获得新的自我领悟；四是改善社会适应能力，促进自我成长。发展性辅导团体具有多种形式，如自我探索团体、生涯发展及规划团体、人际关系团体、两性沟通成长工作坊、自我成长团体等。发展性辅导团体经常使用的辅导方法有：团体讨论、问题解决法、角色扮演、行为训练、团体游戏、各种习作与活动、演讲会、报告会、参观访问、影视观赏等。

（二）训练性辅导团体

训练性辅导团体是学校心理教育的重要团体模式。训练性辅导团体重视团体成员人际关系技能的训练，着重通过团体背景下的行为演练培养成员解决问题的能力。训练性辅导团体的主要功能是为团体成员提供一个实验室，通过团体内的互动性体验，协助成员改善非适应性社会行为，学习对自己、对他人、对团体的理解与洞察，并获得新的行为模式。训练性辅导团体有三个显著特点：一是强调此时此地的行为表达与演练，不涉及成员过去的行为习惯；二是关注团体的互动过程，而非着重内容；三是强调真实的人际关系，尊重他人，有利于他人的成长。一般来说，训练性辅导团体的辅导过程包括三个阶段，即原有态度解冻阶段、敏感性训练阶段和新态度、行为模式的巩固阶段。

（三）治疗性辅导团体

治疗性辅导团体是学校心理健康教育重要的补充形式。它通过团体特有的治疗性因素来改变团体成员的人格结构，实现心理康复的功能。治疗性团体一般持续较长时间，所处理的问题也较严重，往往是针对某些行为异常的大学生，如焦虑、神经症、抑郁、性心理障碍等。治疗性辅导的核心在于对过去经验的影响以及个体潜意识的挖掘，同时或多或少地会改变个体的人格结构。在学校心理健康教育中，治疗性辅导团体主要是针对问题学生开设的，并非学校心理健康教育的主流形式。

三、依据团体成员的固定程度划分

（一）封闭式团体

封闭式团体是指从第一次团体聚会到最后一次团体聚会，其参加成员保持固定不变的团体，封闭式团体的成员有较高的和谐性和认同感，在团体进行过程中是不允许吸纳新成员加入的。一般来说，咨询与治疗团体经常采用封闭式的方式来进行。

（二）开放式团体

开放式团体是指参加团体的成员并不固定，既可以有随时加入团体的新成员，也可以有随时离开团体的旧成员。例如，大学生读书俱乐部和一些自助性心理沙龙等。

第三节　团体心理辅导的特征与功能

一、团体心理辅导的特征

团体心理辅导充分重视与利用人类的乐群性本质特征，应用范围广泛，是一种最经济、最有效的方法。团体辅导与个别辅导相比具有四个优势：①团体辅导感染力强，具有广泛的影响性；②团体辅导效率高，省时省力；③团体辅导的效果容易巩固和转移；④特别适用于人际关系适应不良的人。

团体心理辅导主要具有以下几个显著特征：

1. 专业性

团体领导者需要接受团体动力学、咨询心理学、临床心理学、领导科学等相关学科的专业理论训练和实践训练，能够有效运用专业的方法和技术，带领团体实现目标，对成员进行科学的心理干预。

2. 开放性

团体心理辅导通过开放性的团体情境来引导成员获得内在需求的满足和外在信息的充实。

3. 互动性

团体成员之间相互交流、相互激励、相互影响，以增进彼此的认知、态度、行为、情感和经验。

4. 目标性

团体心理辅导都有其教育性和发展性的目标，通过团体辅导来协助成员获得正确的信息，以建立正确的、积极的思维方式、态度系统和行为模式。

5. 一致性

团体成员尽管需要领导者的引领和协助才能达成辅导目标，但前提是领导者与成员、成员与成员之间都必须有一致性的共识，如遵守团体工作契约和团体规范、适度认同团体、支持成员等。

6. 结构性

团体心理辅导从聚会前的准备工作、方案选择与规划、团体组建、团体运作过程到效果评估都要设计一定的方法，即使是非结构性团体也有其特定的运作模式。

二、团体心理辅导的功能

人是社会性动物，人类的行为都具有社会性意义，通过团体历程进行的学习既真实又有价值。团体心理辅导之所以被广泛应用是因为它具有积极的功能，一个人要了解自己、改变自己、实现自我最有效的途径就是以团体为媒介，在团体历程中进行学习与探索。一般而言，团体心理辅导具有发展、教育、预防和治疗四大功能，这些功能之间相互联系、相互渗透，在辅导过程中共同起作用。

（一）发展性功能

团体心理辅导的积极意义主要体现在它的发展性功能上，这也是咨询心理学遵循发展模式的直接体现，通过团体辅导，可以改善团体成员不成熟的态度和行为，促进其智力与非智力因素的良好发展，从而培养团体成员健全的人格。尤其是学校的团体心理辅导，更可以对正常状态下的个体加以启发和引导，满足他们成长发展的需要，增进他们的自我了解与接纳，改善人际关系和人际交往技巧，以积极的态度应对问题，对自己充满信心，对未来充满希望。

（二）教育性功能

团体心理辅导是一个借助成员之间的互动而获得自我发展的学习过程。团体心理辅导非常重视成员的主动学习、自我评估、自我改善，有利于成员的自我教育。另外，团体心理辅导的过程还有利于培养成员的社会性、学习社会规范以及适应社会生活的态度与习惯。成员在团体中可以进行信息交流，相互模仿，检验现实，尝试与创造，学习人际交往技巧等，这些都具有教育意义。

（三）预防性功能

团体心理辅导具有预防的功能，它是预防心理问题最有效的途径之一。团体心理辅导可以使成员加深对自己的了解与认识，懂得什么是适应行为，什么不是；可以给成员提供更多的机会，使成员之间相互交流，交换意见，共同探讨今后可能会遇到的难题以及解决的办法，从而增强团体成员处理问题的能力，这可以预防或减少心理问题发生的概率。成员在团体中可以更好地了解他人、接纳他人，满足归属感和互谅、互爱的需要，这些都具有预防的功能。

（四）治疗性功能

团体心理辅导还具有治疗性的功能。一般而言，治疗是减轻或消除已经外露的问题的行为。团体活动的情景比较接近日常生活与现实状况，以此处理情绪困扰与心理偏差行为容易收到效果。另外，在团体中，个人的问题或困扰可以借助一般化作用而化解，借助其他成员所给予的反馈来了解自己，同时也能够借助净化作用与良好的洞察力来使问题获得解决。

第四节　团体心理辅导的目标与原则

一、团体心理辅导的目标

团体心理辅导作为一种有计划的咨询活动，为了达到预期的效果，必须要有明确的目标。在团体心理辅导过程中，团体目标具有四个功能：①导向性。团体目标引领着团体活动过程的方向，是领导者与成员经过共同努力要实现的状态；②聚焦性。团体目标可以协助成员将自己的注意力集中在团体主题上；③激励性。团体目标有助于调动成员的积极性，帮助成员努力克服暂时的困难，从而达到最终目标；④评估性。团体目标为领导者评价带领团体的效果以及适时调整团体活动主题提供了一个参照标准。

韩生（1980）把团体心理辅导的目标分为过程目标、一般目标和个人目标。过程目标包括个人探索、实验、让别人认识自己，正确而诚实地回应他人等；一般目标包括认识自己，发展人际关系等；个人目标因人而异。我国台湾地区学者王连生认为，团体心理辅导的目标可分为一般目标与特殊目标。一般目标是指通过各种团体活动的形式，培养他们对社会的习惯态度与责任，以更好地适应社会；特殊目标是指通过团体心理辅导协助参与者养成独立的意志与性格，以适应多变的情况，形成成熟、健全的人格。

樊富珉（1996）从团体心理咨询的特点出发，将团体心理辅导的目标分为独特性目标和一般性目标，独特性目标是指每一个团体心理辅导团体都具有明确的针对性。例如，自信心训练小组的独特目标是增强自信心；人际关系训练团体的独特目标是改善人际关系，掌握交往技能。一般性目标是指无论具有哪种特殊目的的团体心理咨询在团体活动过程中都会包含的目标，具体可概括为六条：①通过自我探索的过程帮助成员认识自己、了解自己、接纳自己，使他们能够对自我有适宜性的看法；②通过与其他成员的沟通交流，学习社交技巧，发展处理人际关系的能力，学会信任他人；③帮助成员培养责任感，关心而敏锐地觉察他人的感受和需要，更善于理解他人；④培养成员的归属感和被接纳感，使其更有安全感，更有信心面对生活中的挑战；⑤增强成员的独立自主以及自己解决问题和做选择的能力，探索和发现一些行之有效的途径来处理生活中的一般发展性问题，解决冲突矛盾；⑥帮助成员澄清个人的价值观，协助他们作出评估、修正和改进。

二、团体心理辅导的原则

在团体心理辅导的过程中，能否遵循团体心理辅导的基本原则，关系到能否有效发挥团体心理辅导的最大作用以及能否完成团体心理辅导的既定目标，决定着辅导工作的成败。团体心理辅导的基本原则可以概括为以下几个方面：

（一）保密原则

无论是个体还是团体咨询与辅导，保密原则都是第一位的，尊重每一位团体成员的权利及隐私，既是团体领导者和团体成员确立信任关系的前提，也是辅导得以顺利开展的基础。保密原则要求领导者在团体开始时向全体成员说明保密的重要性，并制订保密规则，要求大家遵守，不得在任何场合透露成员的个人隐私。离开团体要承诺不传、不议团体中发生的人和事，保护成员的个人隐私，如果需要研究、发表或者作为教学案例，必须征得当事人同意，并隐去真实姓名，确保当事人的权益不受到损害。但也有例外，当团体成员的情况显示他或其他人确实处在危险边缘时，应采取合理措施，如通知有关人员或组织，或向其他专业咨询人员求助。从根本上讲，仍是为了保护当事人的权益。

（二）专业原则

团体心理辅导是有组织、有计划的活动，应由接受过心理学专业训练的人员负责，应事先制订周详的实施计划，团体领导者应具有丰富的能力与经验来引导团体发展。此外，要对团体心理辅导的过程和效果有客观的评鉴与记录。

（三）民主原则

民主原则有助于促使团体保持轻松而有秩序的气氛，增强团体的凝聚力。为此，团体领导者应以团体普通人员的身份，尊重每一位参加者，并参与团体活动，鼓励成员发挥自己的特长，与他人平等沟通，共同关心团体的发展。

（四）共同原则

团体是一段时间内的共同体，团体心理辅导是针对团体成员共有的各种问题而组织的。因此，团体心理辅导进行过程中始终要注意成员共同的兴趣和问题，使个人与团体相互关注，保持共同的信念、利益和目的。

（五）启发、引导原则

团体心理辅导的任务是"助人自助"。因此，在实施过程中，应本着启发、引导的原则，尊重每个团体成员的个性特征，鼓励每个成员各抒己见，重视团体内的平等交流与各种细节的反映，适时地提出问题，激发成员的思考，培养成员分析与解决问题的能力。

（六）发展原则

在团体心理辅导过程中，领导者要从发展变化的观点看待团体成员的问题，用发展变化的观点把握团体心理辅导的过程。不仅要在问题的分析和本质的把握上善于用发展的眼光做动态考察，而且要在对问题的解决和咨询结果的预测上应用发展的观点与意识。

（七）综合原则

团体心理辅导的理论、方法、技术等多种多样，只局限于某种理论和方法往往难以使团体心理辅导取得满意的效果。因此，团体的组织和领导者应该了解各种理论和方法，根据团体心理辅导的任务和性质，综合选取有效的技术，以达成团体心理辅导的目标。

第二章 团体心理辅导的理论基础

团体心理辅导技术的迅速发展得益于心理咨询理论的发展，精神分析、行为主义、人本主义和认知心理学曾对心理咨询的发展产生过重大影响。任何一种新的辅导技术的出现，都会受到其理论观点的影响。团体心理辅导是心理咨询的一种特殊形式，它和个体心理辅导既有共性，又有其个性，个体心理辅导的理论为团体心理辅导提供了理论基础，也提供了依据方法。

第一节 团体动力学理论

一、团体动力学的含义

团体动力学的含义就是要把团体作为一种心理学的有机整体，并在这种整体水平上探求团体行为或人的社会行为的潜在动力。

在团体动力学中，研究者一般都倾向于把小团体作为研究对象，把它看作一个基本的实体。从场论的观点出发，可以把所研究的团体分为结构和功能两个层次，结构方面适用于拓扑学的描述，是把团体作为研究对象时直观获得的一些印象，如团体内个体的位置，个体间的连接或依存情况，外界的影响以及团体的核心人物等；动力方面则主要涉及团体的潜在生活，常用移动、向量、紧张、目标和力场等概念。变化被认为是团体生活的根本特征。

美国心理学家库尔特·勒温（Kurt Lewin）认为，团体动力学研究中心是根据两种需要产生的，这两种需要是科学研究和具体实践。心理学不仅要解释行动，而且还要去发现如何改变人们的行为，如何使人们生活得更好。从历史的角度来看，团体动力学有三个层次的含义：一是意识形态层次上，指的是关于团体应如何组织和管理的方法与态度，强调民主领导的重要性以及团体成员参与团体决策与团体内合作气氛的意义；二是学科层次上，指的是对于团体本质的研究，旨在探索团体发展的规律，团体的内在动力以及团体与个体、社会之间的关系等；三是操作层次上，指的是一种管理技术，如角色扮演、团体过程中的观察和反馈等，被广泛地应用于人际交往等主题，企业与事业单位等方面的管理人员的培训实践活动。勒温与大部分团体动力学家一直赞同的是第二个层次的定义，他们坚信，社会的健全有赖于其团体的作用，科学方法可用于改善团体的生活，因而第三个层次上的意义恰恰是团体动力学的基本目标。

团体动力学是一种对团体本质的研究，旨在探索团体发展的规律，团体的内在动力，团体与个体、其他团体以及整个社会的关系等。从研究范畴上看，团体的形成、团体的气氛、团体成员之间的关系、团体中的领导作用、团体中的决策过程以及亚团体的形成等都是团体动力学的研究范围。其基本特征如下：

第一，强调理论意义上的经验研究。团体动力学主张以观察、定量、测量和实验为基础研究团体，这就与侧重思辨研究团体区分开来，整体上遵循经验主义的学术传统。此外，团体动力学从一开始就十分重视理论的意义和价值，在实践中把理论建构和经验研究完整地结合起来，摆脱了社会科学中极端的经验主义藩篱。

第二，注重研究对象的动力关系和相互依存关系。团体动力学以群体的性质、团体发展的规律、群体和个人的关系等作为研究对象，主要研究团体的凝聚力、团体压力、社会规范、团体目标、成员的动机作用和团体的结构特性等。动力性研究是团体动力学最基本的特征，不满足于对团体性质的一般描述，或对团体类型与团体行为的一般归类，而是要研究所观察的对象是如何相互依存的，团体中各种力的交互作用以及影响团体行为的潜在动力、变化、对变化的抵制、社会压力、影响、压制、权力、内聚力、吸引、排斥、平衡和不稳定性等，都是团体动力学中动力性研究的基本术语。它们可以表示心理力以及社会力的操作，在团体动力学的理论中起着重要的作用。

第三，多学科的交叉研究。严格地说，团体动力学不属于传统社会科学中的任何一门学科，但与心理学、社会学、人类学和经济学等都保持着较为密切的关系。团体动力学理论对社会心理学、组织管理心理学的形成和发展有很大影响，特别是对研究团体行为作出了很大的贡献。各学科的发展都有助于团体动力学的研究，实际上，团体动力学既是一种多学科的交叉性研究，也是社会科学中的一次新的综合。对团体活动的广泛研究，需要建立一个更加有概括性的理论，以使团体动力学进入体系化阶段。

第四，把研究成果应用于社会实践的潜能。应用性是团体动力学的突出特征，大部分团体动力学家的研究都是为了促进团体功能以及团体对个体和社会的作用。尤其是随着"行动研究"和"敏感性训练"的推广，团体动力学的研究成果已被企业管理、教育、心理治疗、政府与军事等诸多领域广泛采用。

二、团体动力学产生的背景

20 世纪 30 年代前后，美国的工业生产迅速发展，众多发明及其现实应用，使人们看到了科学、文化和教育的巨大力量，知识与技术被赋予了极高的价值。同时，世界大战与西方工业发展结伴而行的经济萧条的社会状况使美国的一些社会问题，如青少年犯罪问题和儿童教育问题等日益尖锐。通过社会学家和心理学家的努力，人们对心理测验、科学管理和儿童福利等已产生普遍信任，科学研究可以促进"社会问题"的解决这一观念已逐渐被人们接受。

人们生活在家庭、学校、工厂、机关以及各种正式与非正式的社会组织内，无时无刻处在一种团体生活中，如果想理解或改进人们的生活方式，那么必然要对团体及团体的本质有一个充分的了解。团体曾一度被看作是调节工厂和集体冲突的关键，家庭和一些目的性社团则被认为是战争之后复兴社会生活的必要手段。同一时期兴起的一些其他专业，如集体心理治疗、社团福利工作以及由美国心理学家约翰·杜威（John Dewey）倡导的新教育以及范围更为广泛的社会管理工作等，都要求对团体和团体生活有一种科学的根本性的认识和理解。

1939 年，勒温发表了《社会空间实验》，首次使用了"团体动力学"概念，借以表明他要对团体中各种潜在动力的交互作用、团体对个体行为的影响以及团体成员间的关系等进行一种本质性的探索。1945 年，勒温在麻省理工学院创办了"团体动力学研究中心"，由此，团体动力学作为一门专业或学科得以确立。其后的二十年，团体动力学得到了迅速发展，其影响几乎涉及社会生活的各个领域，成为社会心理学中的一个重要领域。

勒温首次提出了场论（Field Theory），场论是借用物理学中"场"的概念来解释心理活动的理论。从总体来看，勒温的场论旨在预测个体的动机行为，他认为，人是一个场（Held），人的心理活动是在一种心理场或生活空间内发生的。生活空间（Lifespace，LSP）包括个人及其心理环境，一个人的行为（Behavior，B）取决于个人（Personal，P）和他周围的环境（Environment，E）的相互作用，也就是说，行为取决于个体的生活空间，即 $B=f(P \times E)=f(LSP)$。此外，利用拓扑学（拓扑学是研究"拓扑空间"在"连续变换"时保持不变的性质，简单地讲，就是研究连续性和连通性的一个数学分支）和向量分析（数学的分支），用拥有两个或两个以上维度的向量的多元分析来解释心理现象。他认为，拓扑学有助于了解个体在某个特定空间可能或不可能发生的事件，向量分析可以表明个体在某种情境里可能做出的各种行为有哪些会成为现实。

在勒温的影响下，一批学者开展了一系列的团体实验研究。例如，美国管理学家罗夫·怀特（Ralph k. White）和罗纳德·李皮特（Ronald Lipper）在勒温的指导下开展的有关专断独行和民主开放的团体气氛的实验；美国哈佛大学教授埃尔顿·梅奥（Mayo, George Elton）等人所进行的霍桑实验对工厂中的非正式团体的研究；社会心理学创始人穆扎菲·谢里夫（Muzafer Sherif）关于学校团体中的团体冲突以及团体标准的发展研究；美国心理学家雅各布·莫雷诺（Jacob Levy Moreno）关于心理团体的社会测量研究等。这些为后续的团体研究提供了可能的方向和技术。美国心理学家卡特莱特（Cartwright）和赞德（Zander）将这些研究归纳为六个方面，即团体及团体成员、从众压力、权力和影响、领导和业绩、动机过程以及建构过程。此外，美国当代经济学家米尔顿·弗里德曼（Milton Friedman）等将社会促进作用、竞争与合作、团体问题解决、风险转移等也纳入团体动力学的研究范围。

三、团体动力学的基本观点

从整体动力观出发，勒温把团体看作一个动力整体，其中任何一部分的变化必将引起另一部分的变化。团体的本质在于其所属成员的相互依存，而不在于他们的相似性或差异性，团体行为被认为是团体成员与社会环境相互作用的产物，也就是说，团体的结构特性是由成员之间的相互关系决定的，而不是由单个成员本身的性质决定的。

团体动力学认为，变化总是从"非变化"开始的，并归结于一种"非变化"，增加团体行为的促动力与减少团体行为的对抗力，是引起这种准稳定平衡变化的两种方式。此外，团体本身还具有一种"内在的对变化的抵制"，勒温称之为"社会习惯"，它隐藏于个体与团体标准的关系中，维系着团体生活的固有水平。因而，单有团体成员的变化动机尚不能引起团体行为的变化，还必须有一种足以打破社会习惯和重建团体原有标准的力，勒温认为，团体决策可以起到这种力的作用，他把团体决策看作是联系动机与行为的中介，是团体促使个体变化的一种动力。

卡特莱特和赞德（1953）共同主编了《团体动力学：理论与研究》一书，团体动力学的体系框架大致形成，它主要包括五个方面的内容：团体内聚力、团体成员之间的相互影响力、领导方式与团体生产力、团体目标与团体成员动机、团体的结构性。我国心理学家申荷永将以往团体动力学的研究归纳为以下五个方面：

（一）团体内聚力

团体内聚力是作用于所有成员并促使其参与团体活动的各种力的组合。提高团体的内聚力通常可以促进团体成员的责任行为、成员之间的相互影响、成员之间价值取向的一致性、成员安全感的提高以及团体生产力的提高。

（二）团体压力与团体标准

团体动力学家认为，团体作为一个整体，在很大程度上决定了个别成员的思想和行动，每个个体都倾向于像团体中其他成员那样行事。求同压力、不一致的内在压力与来自团体标准的外在压力，是促使和保证团体一致性的三种可能原因。

（三）个人动机和团体目标

被团体所选定的目标，在很大程度上将决定该团体的行为、团体作用的发挥、成员对团体的依赖性以及成员对团体的态度和信心等。研究表明，团体目标与成员的个人动机密切相关。

（四）领导与团体性能

领导者的素质与领导作风，在所有的团体生活中都占有非常重要的地位。对领导方式的研究将有助于解决如何调动团体成员内在活力的问题。

（五）团体的结构性

当团体成员之间的关系稳定后，就具有了结构的特征。团体的工作效率、个体的动机和能力以及团体环境三种因素，可能与团体结构的形成有关。

四、团体动力学的应用与发展

团体动力学在其理论及研究发展之初，并未与某些特定的团体直接联系起来，如家庭、社区、协会，但研究的现实性使它在团体训练本身和个人在团体环境中健康成长这两个方面展开了卓有成效的应用研究。第二次世界大战期间，勒温及其同事、学生进行了一系列有关军事及工业方面的社会心理学研究。在军事方面采取改变和调整团体结构的方法，以增强战士的战斗力，提高战士的士气。同样的方法也被运用于工业生产方面，如布置某种情境，由工厂女工通过小组讨论的方式，提出建议，共同制订生产指标，从而提高工作效率，更好地保证任务的完成。此外，勒温等人还就社会风气的改革、领导者的培养以及由种族或其他社会隔阂所引起的（如种族歧视、劳资纠纷、婚姻纠纷）一系列现实问题展开了团体动力学的研究，由此，团体训练日益盛行。

团体训练的目的在于使参加者学习和培养团体作业能力，包括运用团体动力学的原理发挥影响力，学会分派角色以及树立团体目标等，这些目的都要通过对团体的敏感性训练才能达到。20 世纪 40 年代末期，美国的康涅狄格州首次成立了这方面的训练机构，尝试进行团体训练，即后来的敏感性训练，该训练主要包括以下内容：广泛地从小组参与者的背景及其当前的相互作用中选取样本；观察团体的行为过程及反馈（即团体领导者或代理者、参与者对行动的口头描述）；同时使用积极和消极的情感营造一种紧张的情绪气氛，强调个人和组织变化的价值。此后，团体敏感性训练开始深入到很多专门领域，如教育、军事、管理、经营、服务等。

从 20 世纪 60 年代开始，团体动力学的发展进入了一种"高原期"。团体心理学的研究在某种程度上被人类潜能运动所取代，社会的注意力转到了个体行为和个体生长上，社会对团体动力学的关注度大大减少，团体动力学内部也发生了很大的变化，早期许多的团体动力学家都先后改行或退休，勒温的理论和思想也不如原来那样富有吸引力和影响力。从 1960 年至 1980 年，团体动力学基本上处于一种停滞状态，而勒温的心理学也几乎被人淡忘，至少是受到了忽视。

但是，从 20 世纪 80 年代开始，已有许多迹象表明，团体动力学开始摆脱其"高原"状态，进入了一个新的发展时期。1980 年，脱离团体动力学研究已近二十年的美国社会心理学家费斯磊汀格（Leon Festinger）主编了一部颇具影响力的专著——《社会心理学的回顾》，该书的基调是重新发现勒温的潜力，振兴团体动力学的研究。

团体动力被认为是团体效能发挥的基础和条件，团体目标、团体气氛、团体规范等基本的团体动力学范畴都具有动力的因素，都会对团体效能的发挥产生潜在的影响。团体动力学的研究，为如何有效发挥团体的效能，使成员在动力场中取得实质性收获提供了理论框架。某些研究的应用，如敏感性训练等，直接成为团体心理辅导的方法、技术，被广泛应用于教育、管理、医疗等领域。

第二节　相互作用分析理论

一、相互作用分析理论概述

交往是社会生活中无处不在的活动，当两个以上的人相互交往时，总会有一方对另一方说些什么或做些什么，即发出刺激，另一方也会以某种方式给予回应。于是，人格的多重性就在这种相互作用的过程中表现出来了。相互作用分析就是通过活动考察人们的表现，以发现每个人所具有的人格特点。

交互作用或沟通分析是美国心理学家艾瑞克·伯恩（Eric Berne）在其著作《大众的游戏》中提出的一种提高人际交往能力和促进信息沟通的方法。相互作用分析就是通过分析人们相互之间刺激与反应的表现去观察并了解他们，以发现不同的人格状态，其目的是帮助人们了解自身与他人相互交往的本质，改变自己的生活态度，在人际交往中获得深刻的领悟，建立自尊、自信、成熟的人际关系。相互作用分析理论反对遗传和环境决定论，认为人有战胜早期或现实经验和环境的能力，基本假设是人可以改变对过去不幸事件的怨恨，认为任何人都能够学会真诚地对待自己，作出自己的决策，表达自己的情感。

二、相互作用分析理论的主要观点

相互作用分析理论的主要观点有人格的"三我"说、生活态度说、交往分析说和生活原稿说等。

（一）人格的"三我"说

柏恩的相互作用分析理论认为，个体的个性是由三种自我状态构成的，即父母自我状态（Parents State）、成人自我状态（Adult State）和儿童自我状态（Child State），分别用 P、A、C 表示，因而该观点也被称为 PAC 理论。"父母""成人""儿童"三种状态在每个人身上都交互存在，且时刻处于动态平衡的过程中，唯一不同的是，三者在整个自我中所占比重的大小。

个体的自我状态是直接与行为模式、情感模式相一致的。柏恩非常强调人的早期经验，认为早期经验为个体奠定了人格基础，是个体行为的动力。

1. 父母自我状态

父母自我状态是指一个人的感觉模式、行为模式、思维模式与其父母权威的态度、行为方式相符，即仿效父母的一些价值观和态度，以权威和优越感为标志，通常表现为统治、训斥、责骂等家长作风。从内在表现来看，体现为父母的意图仍不断地影响内在自我状态；从外在表现来看，表现出感知偏见，总是感知对方的消极方面，并加以否定、批评、命令或训斥，摆出权威的无所不知、高高在上的姿态，使对方难以忍受，有时也表现出对别人的关照和帮助。

父母自我状态的症状将贯穿人的一生，包括两个亚状态：一个是"教养的父母"；另一个是"批评的父母"。前者代表人格中安慰、帮助的部分；后者代表人格中防止自我感觉良好、侵犯行为、不恰当行为的部分。

当一个人的人格结构中 P 的成分占优势时，这种人的行为表现为凭主观印象办事，专断独行，滥用权威，他们说话时总用否定或命令的语句。例如，"你应该……""你必须……"或"你要……"。

2. 成人自我状态

成人自我状态是一种客观的、有思想的人格部分，与人的年龄没有关系，该部分结构与弗洛伊德的自我理论相似，具有现实性、理性和有组织性的特点，表现为首先把所有的外部信息加以整合、评价，然后做出最佳的、最令人满意的决策行为。

这种人能从过去存储的经验中估计各种可能性，然后作出决策。当一个人的人格结构中 A 成分占优势时，表现出待人接物冷静，慎思明断，尊重别人等行为特点。这种人讲话时总是使用"我个人的想法是……""我们是否……"等语句。

3. 儿童自我状态

儿童自我状态形成于儿童期，由童年的行为和情感构成，具有情绪化、以自我为中心、好奇、顽皮、好动等特征。该状态又可分为"自然的儿童"与"适应的儿童"两个亚状态，前者代表人格中本能的、冲动的、情绪化的部分，常常是以获得快乐和爱为目的；后者则代表人格中的服从部分，其与父母的期望相符，这种适应性是由现实生活中对各种训练、挫折的体验所构成的。当一个人的人格结构中 C 成分占优势时，其行为表现为遇事畏缩、感情用事、喜怒无常。这种人讲话时总是使用"我猜想……""我不知道……"等语句。

根据 PAC 分析，人与人相互作用时的心理状态有时是平行的，如父母—父母、成人—成人、儿童—儿童状态，在这种情况下，对话会无限制地进行下去；如果遇到相互交叉作用，出现父母—成人、父母—儿童、成人—儿童状态，人际交流就会受到影响，信息沟通就会出现中断，理想的相互作用是成人刺激—成人反应。

不同的自我状态可以在同一时刻共同作用。交互作用分析的一个主要目标就是确定来访者当前的自我状态，强调在必要时保持三种自我状态的平衡。因此，它最常用"自我描述"法来评价自我状态，可以协助咨询人员有效开展咨询、治疗工作。

目前，PAC 理论的应用主要有四个方面，即心理治疗、教育、咨询与企业管理。了解 PAC 理论，有助于人们在交往中有意识地觉察自己和对方的心理状态，做出互补性或平行性的反应，使信息交流保持畅通，倘若能在交往中把自己的情感、思想、举止控制在成人状态，以成人的语调、姿态对待别人，给对方以成人刺激，同时引导对方也进入成人状态，做出成人反应，就有利于建立互信、互助的人际关系，保持交往关系的持续进行。

（二）生活态度说

一个人的"三我"在发展过程中，由于受外界刺激等外力作用，会产生不同的态度，在此列举以下三种态度：

1. 我不好—你好

我不好—你好是抑郁者的态度，持这种态度的人会依赖他人的施惠，极需要抚爱或得到认可。这种态度源于幼年时的认知，由于儿童身体弱小，不能自助，因此不可避免地会觉得自己不如周围的人，从而产生自卑感。如果这种态度没有随着成长而改变，一旦固定下来，就会带来消极的影响，要么放弃自我，要么顺从他人；如果这种态度被认识清楚并得到改变，就能在成人意识指导下建立一种新的、自觉的生活。

2. 我不好—你也不好

我不好—你也不好是严重精神紊乱或厌世者的态度。这种态度源于儿童开始走路时，以为"被人照看"的生活已经结束，抚爱到此为止，或他想探究一切而不愿老实待着，可能滚下楼梯，受到惩罚，留下伤痛。如果这种身处逆境的状态毫无缓解地持续下去，儿童就会得出"我不好—你也不好"的结论。持有这种态度，儿童的成人意识会停止发育，长大后，持这种态度的人常会放弃自我，陷入绝境，最终可能在一种极端的退缩状态下了结此生。

3. 我好—你不好

我好—你不好是一种怀疑和独断的态度，长期被父母虐待、凌辱的儿童会转向这种态度，随着年龄的增长，他开始反抗，他拒绝认识自己的内心，无法客观地看待发生的一切与自己有关系的事情，总是一口咬定是"他们的错"，他们确定自己所做的一切都是无可指责的，不管做什么都是好的。持这种态度的人极端的表现是伤害他人，也有一些人因为孤傲、仇视等原因而使自己极端孤立。

4. 我好—你也好

我好—你也好是健康的态度，通常表现为认可自己，也认可他人。这种态度与前三种态度截然不同，前三种态度过多地依赖于情感，常常引发心理适应不良，这种态度也会有情感表达，但更多地依赖于思考、信仰以及转化、升华、利他的行动保证。因为人们对"好"的理解并不仅仅局限于自己的经历，还可以超越它们，将其抽象化而达到为所有人服务的终极目标。如果一个人一次又一次地被置于能够证明自身的价值以及他人的价值环境中，就容易形成"我好—你也好"的态度。在现实生活中，受诸多因素的影响，有许多人没有形成一种健康的态度，但是一个依据成人意识作出决定的人可以充满信心地说："我知道它能奏效，但不能期望立竿见影，这需要耐心和信心。"一旦接受了"我好—你也好"的新态度后，立刻就能产生好的情感，这种新方式总有一天会给人们的生活带来新的收获与幸福。

（三）交往分析说

相互作用分析的是人际相互作用模式，与分析个体内部的结构不同，相互作用分析理论把人与人之间的交往剖析为人的三种不同自我状态之间的交往。交互作用的类型有三种，即互补的交互作用、交叉的交互作用和隐含的交互作用。

1. 互补的交互作用

当一个人以某种自我状态向对方发送一个刺激时，接受的一方以发送的一方所期待的自我状态作出反应，相互作用能够继续进行，这种相互作用称为互补的相互作用，该模式中两个人的交互作用反应来自同一个自我状态（C 与 C、A 与 A、P 与 P），或者是来自一种互补的自我状态（P 与 C、A 与 P）。主要特点表现为人的反应是恰当的、可预知的。例如，甲："今天气温如何？"乙："38 摄氏度，很高。"

2. 交叉的交互作用

当发送刺激的一方或者接受刺激的一方，双方都没有得到期待的反应时，就会引发不适当的自我状态，相互作用的线路就会出现交错，这种相互作用称为交叉的相互作用。自我状态活动方式不确定，产生了一种为他人所不希望的反应，这种模式作用具有伤害性，当它们发生时，会导致相互间的退缩反应，或导致相互影响的主题转移。例如，当一个人从儿童自我状态出发时，就希望能够得到与之互补的父母自我状态的反应，而不是一种来自成人自我状态的反应。甲："你能帮我画一下这个人吗？她很难画。"乙："不就这么几笔吗，你自己完全能画的。"

3. 隐含的交互作用

当一个人以某种自我状态向对方发送一个刺激，而用另一种自我状态间接地表达另一种含义时，就会引发双重的相互作用，这种相互作用称为暧昧的相互作用。两种自我状态同时出现，其中一种自我状态掩饰了另一种自我状态，使隐蔽的交互作用显得像是互补的或是社会可接纳的状态。例如，在一次游戏即将结束前，一儿童对另一儿童说："你想到我家看看我积攒的邮票吗？"从表面上看，这是来自成人自我状态，而事实上，它隐含着一种儿童自我状态：到我家来吧，让我们在一起多玩一会儿吧。

在促进人际关系方面，相互作用分析理论通过帮助人们了解自己与人交往时"三我"的比例及其对交往的影响，揭示当一个个体与人交往时哪个"我"引起了刺激和反应，并帮助人们学习一种有效的方式来扩大自己的"成人我"，以促进人际交往的积极发展。

（四）生活原稿说

生活原稿也称为人生脚本，是"潜意识里的人生计划"，是一个人持有的由父母等人给其留下的早期记忆以及他据此而为自己设计的人生计划，其形成与早期价值观的认定和童年的心理地位有关，发自于儿童自我状态，透过儿童与父母的"互动沟通"编写而成。人生脚本的形成最初是在婴儿时期，由父母传达的非语言信息而产生，这种潜意识中的生活计划，会规定一个人生活的主题，规定其在现实生活舞台上所要扮演的角色，也规定了其周围的人所要扮演的角色，人们的生活仿佛是一次又一次地按照预先写好的脚本反复上演的戏剧。例如，在一个很强调男主外、女主内的家庭中，将会导致此家庭中的儿子产生"男人是一家之主"的生活脚本。

人们的人生态度与其生活脚本有关，如果一个人的生活脚本是积极的，那么这样的人在其成长过程中就会采取积极的处世态度；如果一个人的生活脚本是消极的，那么他就会采取消极的处世态度。一个人要想从根本上改变自己的生活，就需要深入分析并改写自己的生活脚本。相互作用分析理论提出生活原稿说，意在帮助人认识并改写或者重新解释自己的生活原稿，使人重新恢复到出生时的"我好"状态。

相互作用分析理论是一种用于心理治疗的理论。就人格理论而言，相互作用分析理论有着一套极为通俗易懂、简洁明了的分析语言，一套便于操作的、几乎能让所有人理解的方法，非常适合人们进行自我认识与自我教育，尤其适合集体咨询与治疗；可帮助当事人了解他们与别人互助的本质，对人际交往获得深刻的领悟力；通过改进自己的沟通方式来促进自身成长，与他人建立起成熟的"我好—你也好"的人际关系。此外，会在教育、管理等诸多需要与人密切交往的工作环境中产生积极影响。

第三节　社会学习理论

一、社会学习理论概述

社会学习理论是 20 世纪 60 年代兴起的一种理论，创始人是美国新行为主义心理学家阿尔伯特·班杜拉（Albert Bandura），他着眼于观察学习和自我调节在引发人的行为中的作用，重视人的行为和环境的相互作用。他于 1977 年出版的《社会学习心理学》，是社会学习理论及其研究成果的一本总结性著作。

班杜拉认为，行为主义专注于操作而忽视了认知功能对人的行为的决定性影响，认知心理学强调人的内部意识形成的过程，忽视了对人的外显行为的探讨。按照班杜拉的观点，以往的学习理论家一般都忽视了社会变量对人类行为的制约作用，他们通常是用物理的方法对动物进行实验，并以此来建构理论体系，这对于研究生活在社会中的人的行为来说是不够自然的，似乎不具有科学的说服力。由于人总是生活在一定的社会环境中，因此班杜拉主张在自然的社会情境中而不是在实验室里研究人的行为。班杜拉指出，行为主义的刺激—反应理论无法解释人类的观察学习现象，行为主义的刺激—反应理论不能解释为什么个体会表现出新的行为以及为什么个体在观察榜样行为后，这种已获得的行为可能在数天、数周甚至数月后才出现等现象。因此，如果社会学习完全建立在奖励和惩罚结果的基础上，那么大多数人都无法在社会化过程中生存。为了证明自己的观点，班杜拉进行了一系列实验，并在科学实验的基础上建立了他的社会学习理论。

二、社会学习理论的主要观点

（一）观察学习

班杜拉认为，人的行为，特别是人的复杂行为主要是后天习得的。行为的习得既受遗传因素和生物因素的制约，又受后天经验环境的影响，生物因素的影响和后天经验的影响在决定行为上微妙地交织在一起，很难将二者分开。行为的习得有"通过反应的结果所进行的学习"（直接经验学习）和"通过示范所进行的学习"（间接经验学习）两种方式。

观察学习，又称为替代性学习，学习者不必对刺激直接做出反应，也无须亲身体验强化，只要通过观察他人在特定情境中的行为，并观察他人接收到的强化，便可完成学习。班杜拉认为，通过观察进行学习的能力能够使人们获得较复杂的、有内在统一性的、模式化的行为，而无须通过行为主义设想的那种反复尝试错误方法的方式逐渐形成这些行为。也就是说，人们可以通过观察和模仿学习到新的行为方式，观察学习是社会学习最主要的形式之一，社会学习理论所强调的是这种观察学习或模仿学习。在观察学习的过程中，人们可以获得示范活动的象征性表象，并用于指导操作。

1. 实验研究

班杜拉以儿童的外部行为作为研究的出发点，通过一系列实验对儿童的社会学习行为做了大量的研究，班杜拉关于观察学习的两个经典实验如下：

（1）模仿学习实验

将被试儿童分为甲、乙两组，在实验的第一阶段让两组儿童分别观看一段录像，甲组儿童观看的录像是一个大孩子在打一个玩具娃娃，过一会儿，来了一个成人，给大孩子一些糖果作为奖励；乙组儿童观看的录像也是一个大孩子在打一个玩具娃娃，过一会儿，来了一个成人，为了惩罚这个大孩子不好的行为，打了他一顿。看完录像后，班杜拉把两组儿童送进一间放着一些玩具娃娃的小屋里，结果发现，甲组儿童都会模仿录像中大孩子打玩具娃娃的行为，而乙组儿童却很少有人敢去打玩具娃娃。这一阶段的实验结果说明，对榜样的奖励能使儿童表现出榜样的行为，对榜样的惩罚则会使儿童避免榜样的行为。

在实验的第二阶段，班杜拉鼓励两组儿童模仿录像里大孩子的行为打玩具娃娃，谁学得像就给谁糖吃。结果，两组儿童都争先恐后地使劲儿打玩具娃娃。这说明通过看录像，两组儿童都已经学会了攻击行为，第一阶段乙组儿童之所以没有人敢打玩具娃娃，是因为他们害怕打了以后会受到惩罚，从而暂时抑制了攻击行为；而当条件许可时，他们也会像甲组儿童一样把学习到的攻击行为表现出来。

（2）口头劝说和榜样行为对儿童利他行为的影响

首先，让儿童做一种滚木球游戏，作为奖励，他们在游戏中都得到了一些现金兑换券，并告诉他们可以将现金兑换券捐给需要帮助的人。其次，把这些儿童分成四组，每组有一个实验者的助手装扮的榜样共同参与游戏。第一组儿童和一个自私自利的榜样一起玩，这个榜样向儿童宣传要把好的东西留给自己，不必去救济他人，同时也带头不把得到的现金兑换券捐献；第二组儿童和一个心地善良的榜样一起玩，这个榜样向儿童宣传自己得到了好东西要想到别人，并且带头把得到的现金兑换券捐献；第三组儿童和一个言行不一的榜样一起玩，这个榜样口里说人人都应该为自己考虑，实际上却把现金兑换券放入了捐献箱；第四组儿童也和一个言行不一的榜样一起玩，这个榜样则是口里说要把得到的现金兑换券捐献，实际上却只说不做。实验结果是第二组、第三组捐献现金兑换券的儿童明显比第一组、第四组多，这清楚地表明，劝说只能影响儿童的口头行为，对实际行为则无影响，而行为示范对儿童的外部行为有显著的影响。

上述实验研究为其社会学习理论的提出奠定了基础。这里需要说明，观察学习并不只限于所观察到的具体事物，还可以迁移到同一类或相似的事物上。例如，学生看到一个同学因捣乱而受到惩罚，他在交作业方面就不敢迟交或不交，作业与捣乱并不是同一件事，但都属于是否遵守纪律一类，因此发生了迁移。由此可见，观察学习的过程是复杂的，已远远超过了简单的模仿。此外，示范过程除了通过身体演示传递外，还可以通过语言符号的描述来传递，人们从"抽象的示范模式"中学到的思维和行为的一般规则，对行为有非常重要的意义。

2. 观察学习的过程

观察学习的全过程由四个阶段（或四个子过程）构成。

（1）注意过程

注意过程是观察学习的起始环节。在注意过程中，示范者行动本身的特征、观察者本人的认知特征以及观察者和示范者之间的关系等诸多因素影响着学习效果。首先，观察者与示范者之间的关系在某些方面对观察者的影响更重要，如果示范者与观察者经常在一起，或者二者相似，那么观察者就会经常或容易学会示范者的行为。例如，子女模仿父母，学生模仿教师，其原因就在于此。其次，观察者的特征，如觉醒水平、价值观念、态度定势、强化的经验等也会影响观察者的注意过程。例如，观察者对示范者行为价值认识程度的高低直接影响他能否集中注意力观察示范者的行为，如果他认为示范者的行为非常重要，注意力就会集中；反之，注意力则容易分散。这显然是心理因素对行为的影响，班杜拉称之为自我调节。最后，示范者的活动特征，如行为的效果和价值、示范者具有的魅力、示范行为的复杂性和生动性等，也会影响观察者的注意过程。

（2）保持过程

观察者对示范者行为的注意是观察学习的第一步。要使示范者的行为对观察者的行为产生影响，观察者还必须记住示范者的行为，即将其保存在头脑中。班杜拉认为，这种保持过程是先将示范者的行为转换成记忆表象，然后将记忆表象转换为言语编码（形成动作观念），再将表象和言语编码同时储存在头脑中，对观察者以后的行为起指导作用。在观察学习的保持阶段，示范者虽然不再出现，但是他的行为仍会影响到观察者。要使示范行为在记忆中保持，需要把示范行为以符号的形式表象化。通过符号这一媒介，短暂的示范就能够被长期保留在记忆中。

（3）动作再现过程

动作再现过程是将记忆中的动作观念转换为行为，这是观察学习的中心环节。动作再现过程主要包括动作的认知组织、实际动作和动作监控。动作的认知组织就是将保留在记忆中的动作观念选择并加以组织；实际动作就是将认知组织的动作表现出来；动作监控是对实际动作的观察和纠正，分为自我监控和他人监控。观念在第一次转化为行为时很少是准确无误的，因此仅仅通过观察学习，技能是不会被完全掌握的，这需要经过一个练习和纠正过程。这一过程涉及运动再生的认知组织和根据信息反馈对行为的调整等一系列认知和行为的操作。

（4）动机过程

动机是推动人行动的内部动力。动机过程贯穿于观察学习的始终，引发和维持着人的观察学习活动，人的活动动机来自过去别人和自己在类似行为上受到的强化。能够再现示范行为后，观察者（或模仿者）是否能够经常表现出示范行为，受到行为结果因素的影响，这些因素包括替代性强化、直接强化与自我强化。其中，前两种属于外部强化，第三种属于内部强化。以下是三种强化产生作用的方式：

第一，替代性强化。是指通过观察别人受强化的过程，在观察者身上间接引起的强化作用。例如，个体看到别人成功的行为得到肯定，就加强产生同样行为的倾向；反之，看到别人的某种行为受到处罚，自己就会避免那样的行为。

第二，直接强化。就是学习者行为本身受到强化，如教师对取得优秀学习成绩的大学生进行表扬；直接强化的作用是明显的，教师常通过运用表扬、评分、升级等强化手段来强化大学生的学习行为和控制大学生的课堂行为。

第三，自我强化。指人依靠信息反馈进行自我评价和调节并以自己确定的奖励来加强和维持自己行为的过程。它是通过成人向儿童提供有价值的行为标准，对达到标准的行为给予表扬，对未达到标准的行为表示批评的态度，使儿童逐渐掌握这种标准，从而用自我肯定或否定的方法对自己的行为作出反应。自此，儿童就形成了自我评价的标准，并用它来发挥调节行为的作用。自我强化系统包括自我评价、调节和自己规定的奖励，强调了学习的认知性和学习者的主观能动性。

外部强化和内部强化协同作用，都会对行为产生影响。外部强化与内部强化一致时，能给行为以最大限度的激励作用。上述四个过程是紧密联系，不可分割的。在任何特定的情境中，一个观察者不能重复一个示范原型的行为很可能是由于下列原因：没有注意有关活动；记忆中无动作观念；没有能力或没有足够的动力去操作。

（二）三元交互理论

班杜拉认为，心理学理论的价值在于其能否准确地预测行为，它必须能正确地说明影响人行为的因素以及引起行为变化的中介机制。解释行为的传统理论有两种：一种强调人的心理因素对行为的调节和控制作用，如本能论、驱力论、需要论、动机论等，班杜拉认为这种理论能够对行为进行较好的解释，但在对行为的预测方面并不成功。另一种强调环境（外部）因素对行为的控制作用，如强化论。这种理论没有研究人和环境的交互作用，因此，在对行为的预测上也不成功。他提出了相互作用的三种模式。

1.环境是决定行为的潜在因素

一是环境确实对行为有影响，甚至产生决定性作用；二是这种作用是潜在的，只有环境和人的因素相结合，并且被适当的行为激活时，环境才能发挥这种作用。这种潜在因素包含在行为发生之前或行为发生之后，在行为发生之前，是因为发生在个体周围包含在环境中的事物往往有一定的规律，人们可以根据他们和环境交往的经验归纳出这些规律，并预测在什么情况下会产生什么结果，借此来调节人们的行为。由于人类能认识环境中事物的规律，不一定要直接和事物接触就可以获得经验，因此可以通过观察别人行为所产生的结果来调节自己的行为。

2. 人和环境交互决定行为

班杜拉指出，人既不是完全受环境控制的被动反应者，也不是可以为所欲为的完全自由的实体，人与环境是交互决定行为的。环境中的各种外部因素通过三种主要方式影响自我调节过程，环境有利于建立自我调节功能，从而建立和发展自我反应的能力。

3. 行为是三者的交互作用

交互决定论从行为（Behavior）、心理（Psychology）和环境（Environment）三个因素的交互作用来进行解释。环境决定论认为，行为（B）是由作用于有机体的环境刺激（E）所决定的，即 B=f(E)；个人决定论认为，环境取决于个体如何对其发生作用，即 E=f(B)；班杜拉认为，行为（B）、环境（E）与心理（P）之间的影响是相互的，但他同时反驳了"单向的相互作用"提出的行为是个体变量与环境变量的函数，即 B=f(P，E)，认为行为本身是个体认知与环境相互作用的一种副产品，即 B=f(P×E)。班杜拉指出，行为、个体（主要指认知和其他个人的因素）和环境"你中有我，我中有你"，不能把某一个因素放在比其他因素重要的位置，尽管在有些情境中，某一个因素可能起支配作用。

（三）自我调节理论

班杜拉认为，自我调节是个人的内在强化过程，是个体通过将自己对行为的计划和预期与行为的现实成果加以对比和评价来调节自己行为的过程，人能依照自我确立的内部标准来调节自己的行为。按照班杜拉的观点，自我具备提供参照机制的认知框架知觉、评价及调节行为等能力，他认为人的行为既要受外在因素的影响，也要通过自我生成的内在因素的调节。自我调节由自我观察、自我判断和自我反应三个过程组成，经过这三个过程，个体可以通过内在因素对行为进行调节。

（四）自我效能理论

自我效能是指个体对自己能否在一定水平上完成某一活动所具有的能力的判断、信念或主体的自我把握与感受，也就是个体在面临某一任务活动时的胜任感及其自信、自尊等方面的感受。自我效能也称为"自我效能感""自我信念""自我效能期待"等。

班杜拉指出，效能预期既会对活动和场合的选择产生影响，也会对努力程度产生影响。效能预期是人们遇到应激情况时选择什么活动、花费多大力气、支持多长时间的努力的主要决定者。班杜拉对自我效能的形成条件及其对行为的影响进行了大量的研究，指出自我效能的形成主要受五种因素的影响，包括行为的成败经验、替代性经验、言语劝说、情绪的唤起以及情境条件。

行为的成败经验指经由操作所获得的信息或直接经验。成功的经验可以提高自我效能感，使个体对自己的能力充满信心；反之，多次的失败会降低对自己能力的评估，使人丧失信心。替代性经验指个体能够通过观察他人的行为获得关于自我可能性的认识。言语劝说包括他人的暗示、说服性告诫、建议、劝告以及自我规劝。情绪和生理状态也影响自我效能的形成，在充满紧张、危险的场合或负荷较大的情况下，情绪易于被唤起，负面情绪的唤起和紧张的生理状态会降低对成功的预期水准。情境条件对自我效能的形成也有一定的影响，某些情境比其他情境更难以适应和控制，当个体进入一个陌生而容易引起焦虑的情境中时，会降低自我效能的水平与强度。

根据社会学习理论的观点，在团体心理辅导中，要为来访者创设一种充满理解、关爱、信任的情境，环境的变化必将引起个体行为的变化。在自我接纳团体心理辅导中，一方面，成员之间通过处理一些共有困扰，可以从中汲取对自己有效的经验，成员也可以通过观察领导者对个别成员问题的处理，学习到有效的做法；另一方面，团体营造出的真诚、支持、信任、接纳的氛围，使成员得以更好地放下自我防御，开放自己，这种开放会延伸到团体以外的日常生活中，帮助成员形成新的适应行为。

第四节　人际沟通理论

一、人际沟通的含义

美国哲学家理查德·麦基翁（Richard McKeon）指出，未来的历史学家在记载我们这代人的言行的时候，难免会发现我们时代沟通的盛况，并将它置于历史的显著地位。其实，沟通并不是当代新发现的问题，而是现在流行的一种思维方式和分析方法，人们时常用它来解释一些问题。这段话以非常精辟的视角展现了沟通在当代的状况和地位。

人际沟通简称沟通，是社会中人与人之间的联系过程，即在社会生活中，人们运用语言符号系统或非语言符号系统两大媒介传递信息、沟通思想和交流情感的过程。从信息论的角度来看，人际沟通的过程就是信息交流的过程。在这个过程中，人们交流彼此的思想、观点、情感、态度和动机，从而建立一定的人际关系。

人际关系是个体在社会生活实践过程中所形成的对其他个体的一种心理倾向及其相应的行为，它体现的是心理上的距离。人际关系的变化与发展取决于关系中的彼此社会需要的被满足程度，如果双方在相互交往中都获得了社会需要的满足，那么相互之间就能发生并保持接近的心理关系，表现为友好的情感；反之，就会产生厌恶，彼此疏远。

人际关系受诸多心理因素的制约，既有认知成分，也有情绪和行为的成分，彼此间的吸引程度是人际关系的主要特征，影响人际吸引的因素主要有外貌、邻近与熟识、相似与互补、个体的人格品质等。

人际沟通是动态的过程，是人际关系形成的前提条件。人际关系则是在人际沟通基础上形成的相对静态的关系状况，同时，这种关系状况又进一步成为人际沟通的基础，二者的关系是相辅相成的。

二、人际沟通的工具

作为信息传递的过程，人际沟通必须借助于一定的符号系统才能实现，符号系统是人际沟通的工具。可以把符号系统划分为两类，即语言符号系统和非语言符号系统。

（一）语言符号系统

语言符号系统是利用语言进行的言语沟通。语言是社会约定俗成的符号系统，而言语是人们运用语言符号进行沟通的过程。语言是人类最重要的沟通工具，也是信息的最有力的传递手段。语言可以分为口头语言和书面语言，即语音符号系统和文字符号系统。

在面对面的沟通中，口头语言是最常用的，而且收效最快。例如，会谈、讨论、演讲及当面对话等都可以直接、及时地交流信息，沟通意见。在间接沟通中，交流双方一般采用书面语言，它不受时间和空间的限制，可以长时间保存，可以远距离传递，发出信息的一方可以充分地考虑语词的恰当性。由此可见，书面语言扩大了人们认识世界的视野。

在交往中，面对复杂多变的情境，人们表达同一意图的语言形式并不唯一。大量的研究表明，人们对语言的运用，表现出明显的策略性。人们说话时会依赖不同文化背景下社会约定俗成的规则、交际礼仪和契约，还会根据特定的情境和交际对象，时而直接，时而委婉。最后所采用的语言表达形式也体现了语言的策略性。

（二）非语言符号系统

非语言符号系统是指在人际知觉和沟通过程中，凭借动作、表情、实物、环境等进行的信息传递。人们常常认为非语言符号系统是不重要的，数量较少的，但事实并非如此。美国心理学家、传播学家艾伯特·梅拉比安（Albert Mehrabian）通过实验把人的感情表达效果量化成了一个公式：100% 的信息传递 =7% 的语调 +38% 的声音 +55% 的肢体语言。从公式可以看出，非语言符号系统在沟通中具有重要的功能，能补充、调整、代替或强调语言信息。绝大多数的非语言信息具有特定的文化形态，在传达时是习惯性的和无意识的，它可能与语言信息相矛盾，以非常微妙的方式传递感情和态度。

非语言符号系统的形式包括以手势、面部表情和体态变化等为特征的"视一动"符号系统，在人际空间距离方面表现人与人之间关系疏密的时空组织系统，以人际互动中视线交叉为表现形式的目光接触系统，以音质、音幅、声调、言语中的停顿、语速快慢等方式强化信息的辅助语言系统。

三、人际沟通的条件

人际沟通是人与人之间信息的传递、思想的沟通、情感的交流，服从于一般的信息沟通规律。二十世纪六七十年代，美国政治学家哈罗德·拉斯韦尔（Harold Lasswell）在《传播在社会中的结构与功能》中提出了沟通的"5W"模式，较明确地说明了人际沟通的过程：传信者（谁：Who）—信息（说什么：Says What）—媒介（渠道：In Which Channel）—受信者（给谁：To Whom）—效果（With What Effects）。需要注意的是，实现人际沟通还应具备以下几个必要条件：

第一，要有发出信息的人，即信息源。没有信息源，就无法进行人际沟通。

第二，要有信息。人们进行沟通，要是没有内容，沟通的必要性就不存在了。

第三，要有信息渠道。信息渠道是信息的载体，即信息通过何种方式，用什么工具从信息源传递给接收者。信息一定要通过一种或几种信息渠道，才能到达目的地—接收者，常用的信息渠道有对话、动作、表情、广播、电视、电影、报刊、电话、电报、信件等。

第四，要有接收者。如果没有接收者，沟通也不能实现。

第五，反馈。反馈是信息发出者和接收者之间的互动。信息发送者发送一个信息，接收者便回应信息，这样便实现了沟通，因此沟通是一个连续的相互过程。沟通中的及时反馈是很重要的，反馈可以减少沟通中的误会，让沟通双方知道思想和情感是否能够按他们各自的方式来分享。

第六，障碍。障碍是沟通中阻止理解和准确解释信息的因素，如环境中的噪声，沟通中双方的情绪、信念和偏见以及跨文化沟通中对不同符号的解释等，都是沟通的障碍。

第七，环境。沟通发生的环境影响到沟通的效果。例如，在一个支持性小组中，圆形的座位排列方式能让小组成员之间的交流更顺利。在团体心理辅导中，环境的布置也能直接影响来访者的心情。

四、影响人际沟通的因素

了解什么因素在影响沟通的进行，有利于人们提高沟通技巧，改进沟通的品质。信息传递的各个环节常会受到某些因素的影响，从而影响到人际沟通的进行。影响人际沟通的因素主要有以下几个方面。

（一）信息源

信息源所使用的传播技术包括信息源的语言文字表达能力、思考能力以及手势、表情等表达方式的优劣程度；信息源的态度包括自信、尊重对方、竭力使对方对沟通感兴趣等；信息源的知识程度包括丰富的知识、社会经验、人情世故等；信息源的社会地位是人们获得信息的来源之一，当信息源处于较高社会地位时，人们更倾向于相信对方。

（二）信息

语言和其他符号的排列与组合次序，在信息传递时有首因效应和近因效应，即先呈现的信息和最近呈现的信息容易被记住。信息的内容直接影响沟通双方，信息传递者力图通过信息的内容传达自己的信念、态度和知识，从而试图影响或改变对方。选择合适的语言和非语言行为来表达信息是非常重要的，同一信息用不同的语词和语气来表达会有不同的效果。

（三）信息渠道

同一信息经过不同的信息渠道传递，得到的效果会不一样。因此，要注意选择适当的信息渠道，使之与传播的信息相配合，并符合接收者的需要。例如，教儿童数数时，借用实物，儿童会更容易理解；演讲时，使用投影仪或电脑展现的图表、图画等信息会令人印象深刻。

（四）接收者

一是接收者的心理选择性。有些信息接收者喜欢接收信息，而有些信息接收者不喜欢接收信息。二是接收者当时的心理状态。例如，处于喜悦情绪中的人容易接受他人所提出的要求。

在实际沟通过程中，上述四个方面的因素通常是联合发生作用的。

五、人际沟通的障碍

在日常生活中，某些影响人际沟通的因素会造成沟通时必要条件的缺失，导致人际沟通受到阻碍，难以实现良好的沟通效果。

（一）地位障碍

社会中每个个体都承担一定的社会角色，处在一定的社会位置上。由于社会责任分工不同，所以地位也各异。如果个体由于地位的不同而产生不同的自我意识、价值观念和道德标准，就会造成沟通困难。在同一组织中，处于不同位置的成员，他们的认知、情绪反应、行为方式等都会有所不同，对同一反应、同一行为方式、同一信息同一社会事件等往往持有不同的，甚至截然相反的看法。此外，职业上的差异也有可能造成沟通的不畅。"秀才遇到兵，有理说不清""隔行如隔山"说的就是这种情况。

比利时语言学家耶夫·维索尔伦（Jef Verschueren）的语言适应理论（Speech Accommodation Theory）认为，人们在人际互动过程中倾向于适应彼此的讲话风格（双方趋同）以改善沟通，并经过互惠和提高相似性来增强吸引力。但是，具有较高威望的人就要强调他们的讲话风格的表现——差异性；具有较低威望的人就会表现出向高威望的人靠拢的倾向，除非具有较低威望的人认为其地位是不稳定的和不合法的，在这种情况下，他们会坚持自己的讲话风格，于是就会产生沟通障碍。

（二）组织结构障碍

有些组织很庞大，层次重叠，信息传递的中间环节太多，从而造成信息的损耗和失真；有些组织结构不健全，沟通渠道堵塞，缺乏信息反馈，这会导致信息无法传递。此外，组织内信息泛滥也会导致沟通障碍；处于不同层次组织的成员，对沟通的积极性不同，这也会造成沟通的障碍。

（三）文化障碍

文化背景的不同给沟通带来的障碍是不言而喻的。例如，语言不通带来的困难，社会风俗、规范的差异引起的误解，在社会生活中是屡见不鲜的。

（四）个性障碍

个性障碍主要是指由于人们不同的个性倾向和个性心理特征所造成的沟通障碍。气质、性格、能力、兴趣等不同，会造成人们对同一信息的不同理解，会给沟通带来困难。个性的缺陷，也会对沟通产生不良影响，一个虚伪、卑劣、欺骗成性的人传递的信息，往往让人难以接受。

（五）社会心理障碍

人们随时随地都需要与他人沟通，对人际沟通的恐惧也会伴随着人们，它表现为个人在与他人或群体沟通时所产生的害怕与焦虑。如果沟通个体存在沟通恐惧的心理，沟通将无法进行，对沟通有恐惧心理的人，轻者为了保护自己而表露有碍进一步沟通的信息，重者甚至无法与人交谈。这种沟通上的心理障碍除直接对沟通产生影响外，其社会功能必然也要受到严重影响。例如，有的人在生活习惯上比较孤独、封闭，在学习态度上比较消极、悲观，在人际接触中比较消沉、退缩，因此减少了被认识与被赏识的机会，反而增加了被误解与被排斥的可能性。长期对沟通的恐惧会降低个人的自尊心,在现代服务业发达的社会中,沟通恐惧感会使个人丧失许多就业的机会等。

总的来说,人际沟通理论为团体心理辅导过程中人与人之间如何交往,怎样增强沟通效果,怎样建立良好的人际关系,怎样避免减少交往障碍等提供了大量有价值的参考,也为团体领导者选择怎样的团体沟通方式,如何观察、指导团体成员的沟通等提供了具体的方法和技巧。

第五节　团体焦点冲突理论

一、团体焦点冲突定义

美国心理学家卡尔·惠特克(Carl A. Whitaker)与大卫·李柏曼(David J.Lieberman)提出,团体成员为了缓解紧张和焦虑感,便会接连不断地解决成员们的无意识冲突,他们称这样的冲突为团体焦点冲突,这种类型的冲突始终隐含着一种希望(令人不安的动机)和一种恐惧(反应的动机)。团体的解决方法要么是允许(enabling)——实现一部分希望(以及伴随的焦虑),要么是约束(restrictive)——禁止满足所有希望(因此也不会体验到焦虑)。一旦团体找到了解决方法,成员们就会继续探讨下一个新的冲突。团体主题包含的一系列焦点冲突都是通过同样令人不安的动机联结而成的。通过团体解决冲突的互动模式形成了团体自身的文化。

二、团体焦点冲突的命题

惠特克与李柏曼提出了一种非常不同的团体历程,并以一系列的命题来发表其论点。

第一,个人的一系列行为是彼此相关联的,并且背后都有着对目前处境的共同关注。团体治疗的许多评论与活动并非支离破碎的,都与一个潜在的议题有着密切的联系,如果能认识到团体成员共同的关注,那么看似不相干的行动就能找到其关联。

第二,发生于团体中的不同事件,可以被看作共同的、隐蔽的冲突(团体的焦点冲突),这一冲突包含了与冲动或渴望(扰乱性动机)相反的恐惧(反应性动机),团体焦点冲突的两面都与目前的处境有关。例如,团体成员可能共有一份渴望,希望被治疗师偏爱并受到特别的青睐(扰乱性动机),然而他们也害怕这样的渴望会遭到治疗师与其他病人的排拒(反应性动机),渴望与恐惧之间的交互作用便是团体的焦点冲突。

第三，当遇到团体焦点冲突时，病人会努力建立一个解决途径，一方面缓和反应性动机（恐惧），同时尽可能地满足扰乱性冲动以减少焦虑。成员可能会以在团队其他成员身上找寻相似点来解决焦点冲突，这就好比每一个人都在说："我们都是一样的，没人要求特殊待遇。"这样的解决方式，只能暂时地缓解紧张。因此，寻找到合适的解决方式才能促进团体及个人的成长。

第四，成功的解决方式有两种特性。第一，这样的解决方式是大家共同努力的结果，所有成员的行为都与该解决方式一致。第二，成功的解决方式能降低反应性动机（恐惧），个体在成功解决方式建立之前，会有很强的焦虑感，而在成功的解决方式建立之后，焦虑感就会降低。

第五，解决方式可能是有限性的，也有可能是提高能力性的。一个有限的解决方式就是缓和恐惧，但却牺牲了扰乱性动机的满足或表达。让人提高能力的解决方式是要缓和恐惧，同时也要容许扰乱性动机有某种程度的满足与表达。举例来说，一个团体里的扰乱性动机是希望表达对治疗师的愤怒情绪，反应性动机（恐惧）是治疗师会处罚或放弃团体成员；团体的解决方式（让人提高能力的解决方式）是大家团结一致去表达对治疗师的愤怒，团体共同讨论此事，并且在表达对治疗师的愤怒的默契中获得力量。

切记，明确的团体焦点冲突并不存在于最投入的成员们的意识层面中，而且解决方式也不是经过特意策划的，而是与每一个成员潜意识里的渴望与恐惧恰巧吻合的举措。假如其中一位成员对这样的解决方式明显不满，那么一个新的团体冲突便会产生，并渐渐成为新的团体解决方式。在这个例子中，反应性动机（恐惧）由于彼此间的支持而趋于缓和，扰乱性动机也因此能够表达出来。长远来看，这样的解决方式能使病人获得能力，因为只有渐进地接触与表露扰乱性动机，才会有现实感滋生。

在惠特克和李柏曼的治疗取向中，他们最关心的是团体解决方式的本质，认为只有在解决方式对团体及成员都具有限制性时才需要治疗介入。更进一步来说，对于整个团体结构的诠释，也只是许多用来影响团体的手法之一。例如，这些研究者认为，治疗师很可能凭借为病人示范不同的行为模式，来剔除一个狭隘的解决方式。因此，治疗师的角色是有弹性的，他们可以问问题、报告自己的个人反应、将焦点集中于个体在团体内的特殊运作模式上，或者像我们已经看到的一样，集中在团体的整体历程上。

美国心理学家惠特曼与罗森·斯托克（Rosen Stock，1958）引进了"团体焦点冲突"这一概念，并把它作为理解团体过程与个人学习之间的关系的一种方式。例如，如果团体在情绪上对团体能否为其他成员所接受这一问题很热衷，而这个问题又与团体成员个人生活的某些论题相类似，那么，这一问题将在团体中的其他成员那里引起共鸣。

第三章　团体领导者

团体的运作，一方面要依靠团体成员的积极参与，另一方面取决于团体领导者正确而有效的领导活动。因此，认识什么是团体中的领导，担任团体领导者要具备哪些条件，团体领导者在团体中充当什么角色，发挥怎样的功能，要遵循什么原则等具有很现实的意义。这能帮助我们更好地了解领导的角色，发挥领导的功能，促进团体活动的顺利开展。

第一节　团体领导者的含义

当人们看到"团体领导者"时，通常会产生领导者是指从参加辅导的成员中选择一个比较优秀的人来担任角色这一错误的看法。因此，这里需要明确的是，团体领导者不是指从参加辅导的成员中选择一个人来当领导，而是指心理辅导者参与到团体心理辅导中，来"操纵"整个团体。这里的领导者是指辅导者，而不是指团体中的某个成员。

一、团体领导与领导者

（一）团体领导的定义

"领导"是一种存在于团体之中的关系属性，即领导者因追随者而存在，追随者因领导者而存在的关系概念。它所确认的是一种关系，其中一些人能够说服他人接受新的价值、态度和目标，并为之而努力奋斗。

在心理学中，对领导的研究主要集中在社会心理学和组织心理学领域。对于领导的研究，作为社会心理学中一个核心研究领域，尤其是在小群体动力学研究兴盛的年代，有这样的观点：具有特定行为风格的领导的有效性，取决于该种行为风格与情境的匹配度。之后，在 1970 年至 1980 年，社会心理学对于领导的研究出现了一个新的趋势，即对归因过程和其后的社会认知的重视。在组织心理学中，对于领导的研究条件无疑是得天独厚的，企业的繁荣与衰落，在很大程度上取决于组织中领导质量的高低。因此，领导研究在组织心理学研究的议程中占据着非常重要的地位。近年来，组织心理学家对变革型领导以及超凡魅力所扮演的角色给予了特别的关注。研究认为，有效的领导者应该积极、主动，具有变革取向和创新精神，能够激励和鼓舞他人，同时能够将自己的愿景或使命传递到团体中。他们还应该对成员怀有兴趣，激发成员对群体的承诺感，能够使得团体成员为愿景付出特别的努力，并对这些成员进行授权。

相信对一些相关领域里"领导"含义的了解，能够更好地帮助我们了解心理学中"领导"的定义。在心理学领域，通常将领导看作是领导者为实现组织的目标而运用权力向其下属施加影响力的一种行为过程。

（二）团体领导者的定义

领导者是具有权力和地位的个人或集体，通过自身的作用，指导和影响他人或组织在一定的条件下实现某种目标的人。因此，领导是一种能力，而这种能力是影响团体的能力。领导者充当领导过程中的关键角色，通过权力和非权力的影响力，引导团体朝着既定的目标发展。一个有效能的领导者必须符合以下要求：了解团体的目标且以团体目标为导向；了解团体成员的特性、能力和特长；激励成员积极参与到团体活动中；增加团队凝聚力。团体领导是一个相互交换、转变的过程，在这个过程中，有人被允许去影响、激励他人，以促使团体及个人目标的实现。

团体领导者则是指在团体发展过程中负责带领和引导团体实现目标的人，是对团体成员和团体具有影响力的人。虽然成员互动或团体运作不一定要靠一个好的领导者，但是参加到团体中的成员有着不同的背景、不同的目的和动机，所处的社会地位也不一样，除非有人在团体中引导、整合成员的各种活动、行为，否则，有效的团体行动就很难产生，这就要求任何一个团体都要有一个能够胜任的领导者。团体领导者通过协调人与人之间的关系，激发出团体内每个成员的热情与活力，使各成员努力实现团体的目标。团体心理辅导过程中有效能的领导者必须具备特有的人格特质，应该是一个受过专业训练的，有充分带领团队经验的带领者。

二、团体领导的特点

团体领导是一个相互的过程，团体中有四个必不可少的因素，即领导者、被领导者（成员）、团体环境和领导行为。其中，领导者、成员及团体环境作为三个主体，他们之间相互影响。领导者自身的人格特征、习惯、爱好等会影响成员的参与积极性以及团体的气氛，成员的行为、动机也会在一定程度上影响领导者的行为，而二者的相互影响就形成了团体氛围，长此以往就成了团体环境。因此，领导是一个相互的过程，包含了领导者、成员和团体环境三个因素间的不断调整与适应。

团体领导是一个交换的过程，团体领导者与团体成员之间的关系是社会交换（Social Exchange）的关系。领导者和成员付出他们的时间、精力、智慧等，以获得精神的或物质的报酬，即团体领导花费一定时间、精力来带领那些愿意付出时间、精力、物质的成员，各自在这个过程中获得物质、精神和社会等方面的回报。

团体领导是一个转变的过程，团体领导者在团体中采用一定手段或方法去激励成员的动机和自信心，从而促使成员由缺乏信心和动机变得肯定自我、自动自发，并且在这个过程中转变成员的观念、价值与想法等。

团体领导是目标追寻的过程，领导者组织、运作团体，激发成员的能力，努力地向个人及团体的目标前进。

三、团体领导的行为

团体效能直接受领导者所采取的领导行为所影响。团体为了完成任务，达到既定目标，明显的因素就是使团体成员投入任务中，另一个不明显但是很重要的因素是团体为了更加有效地发挥其功能，必须"关心"自己。团体是由人组成的，而人是有需求的，在团体中，人们不仅是为了完成团体任务的，他们需要在完成任务的过程中或者从达到目标的结果中来实现自己的需求。因此，要使团体更具有效能，不但要鼓励成员投入团体任务中，还必须注意团体成员的内在需求。如果团体领导无法维持令人满意的团体氛围，就会使得任务无法完成。就像网络一样，网络能够带给人们想要的信息，但是如果不加以管理、维护和调整，就可能导致致命的伤害。团体也是如此，也需要维护和调整。

美国密歇根大学和俄亥俄州立大学的学者们提出了双层面理论和双类型理论，将领导行为分为工作导向和关系导向两类。工作导向的领导行为是指引发任务、制订规范、督导沟通及减除目标模糊的行为，工作导向的领导行为关注的是工作任务的落实，重视工作目标的实现，生产单位团体适合采取工作导向的领导行为；关系导向的领导行为是指能够在团体中维持正向的人际关系的行为，如建立相互信任的友谊等，关系导向倾向于人际关系的正常维持，领导者要了解成员间的差别以及他们的自身需要，重视成员参与到团体活动中的积极性，关注的是与参与者之间相互信任的关系，和工作导向的领导行为方式相反的是，关系导向的领导行为适合非生产单位的团体。

在团体心理辅导过程中，团体领导者自身的特质直接影响他们在团体中的领导行为和领导功能的发挥。这些领导行为需要将理论和实践相结合，经过训练以及在训练过程中慢慢积累的经验，才能使领导行为较好地进行，如果领导者没有一定的领导能力，即使他的角色形象和专业地位再完美，也不能调动团体成员的积极性，同样会使得成员变得冷漠、抗拒，甚至因愤怒而产生一些不合理的行为。在团体心理辅导中，领导者常使用的领导行为类型主要有以下几种。

（一）介入指导型行为

这类领导行为是指领导者通过对质、劝诫、解释和询问等方式，间接地要求成员作出反应，或者是领导者直接要求成员按照其所希望的方式来作出反应。以上两种无论是间接还是直接的方式，都属于介入指导型行为。

（二）契约管理型行为

领导者将团体看作一个社会单位，在这个团体开始时制订一些契约，团体成员就会按照订立的原则、规范来行事。在团体中，领导者和成员之间的互动关系就是依照这些契约来发展的。

（三）支持同理型行为

这类领导行为是指领导者采取关怀、鼓励、接纳、赞赏、尊重的态度和行为来运作团体，使团体成员在安全、开放、正面、积极的氛围中，主动地投入团体中，积极参与团体活动，与其他成员互动。此类领导行为一般在团体心理辅导的开始阶段得到采用，也是在团体心理辅导中使用最多的领导行为。

（四）澄清引导型行为

在这类领导行为类型中，领导者只是扮演协助者的角色。在这个过程中，领导者会给予成员较大的自主空间，让他们自行决定团体导向、个体的参与程度、团体的目标、活动的内容、咨询的地点等，领导者在其中主要起澄清问题、引导成员讨论的作用。这一领导行为类型需要领导者具备很好的客观判断能力，能够精准地分析问题，能进行清晰的思考，拥有敏捷的反应能力等，否则团体目标很难达成。

（五）认知教育型行为

这种类型的领导方式是指领导者运用讲解、说明等传统的教育方法来指导团体成员。一般在专业性比较强的团体中会采用这种领导行为。这种类型的领导方式想要取得成功，需要具备两个条件：一是团体中有较多的顺从性格的成员；二是领导者具有一定的权威性。

四、团体领导的风格

世界上没有两片完全相同的树叶，团体也是一样的，不会存在两个完全相同的团体。因此，不同的团体就会产生不同的领导者。不同的团体成员，其人格特质不同，团体心理辅导的理念以及团体目标都会不同，也正是因为这些才会出现不同的领导风格，也就是不同的领导类型。

对于领导类型的分类，不同的人有不同的看法，目前存在许多不同的分类方法，本书主要介绍两种较常见且较实用的分类方法。

（一）领导参与论

勒温等人在探讨团体成员参与决定的课题中对领导风格进行了系统的研究。领导参与是指了解团体成员参与决定的程度对于团体结果、团体效能的影响情况。将"参与决定"看作一条连续的线段，在线段上确定三个点，即两端和中点，就可以将领导风格分为三种类型，即专制型、民主型和放任型。专制型是完全由领导决定的一端，放任型是完全由成员决定的一端，而民主型则是介于二者之间的由领导者收集、了解成员的意见后做出决定的中点。勒温认为，这三种不同的领导类型具有不同的人性观、领导行为和沟通网络。勒温的研究结果表明，从行为角度来看，专制型的领导风格导致成员间的攻击行为发生的次数远远多于民主型的领导风格。在专制型领导的领导下，成员的攻击行为容易转化到其他情境中，当领导离开时，攻击行为立即上升，使团体中的弱势群体更弱，强势群体更强。因此，团体成员基本都讨厌专制型领导，喜欢民主型领导。从工作效率来看，在专制型领导的领导下，团体成员比较依赖领导者，成员间相互中伤，对团体活动产生不满，保量不保质。在民主型的领导下，团体不依赖领导者，成员间的矛盾少，喜欢提供意见，对团体活动也比较容易感到满意，能够保质保量。在放任型领导的领导下，成员很少依赖领导者，但是会相互攻击，意见纷纭，容易对团体产生不满，不仅不能保证产量，质量也不能得到保证。由此可见，民主型的领导是最有效能的领导。

（二）管理方格论

管理方格论是由美国管理学家简·莫顿（Jane Mouton）和罗伯特·布莱克（Robert Blake）提出的，他们认为，人们对于"团体的生产结果重要性如何"及"团体成员感觉重要性如何"这两个问题的回答决定了他们的领导类型。一些领导者的首要目标是达成团体生产的结果，但是一些领导者更注重成员正面、积极的感受和加强团体精神及个人需求的满足，还有一些领导者认为团体生产结果和团体成员的感受同样重要。

莫顿和布莱克用方格来说明其领导类型。虽然每个人可能落在81个格子中的任何一个位置，但是莫顿和布莱克主要强调五个固定位置，即四个角落和正中间的位置。（1，1）位置的领导者对团体结果和团体成员感受均不关心，这种人几乎不能称为领导者；（9，1）位置的领导者对生产结果关注度较高，对团体成员感受的关注度较低，这类领导是工作至上，一切都是为了生产结果；（1，9）位置的领导者是对团体成员感受的关注度较高，对生产结果的关注度较低，这类领导和（9，1）位置的领导相反，他们一切努力都是为了使成员感到舒适、和谐；（5，5）位置的领导者对生产结果和成员感受均为中关注度，位于方格正中间，他们试着要平衡生产结果及成员士气，当二者发生冲突时，他们有可能会同时牺牲二者；（9，9）位置的领导者，对于生产结果和成员感受均关注度都较高，他们通过和谐的团队关系和团体氛围达成高效率的结果。

在方格理论中，莫顿和布莱克认为（9，9）位置的领导类型是最好的，在早期的研究中他们发现，采用（9，9）位置的领导类型的人比采用其他位置领导类型的人在管理上更成功。他们在教育界、工商界、医药界的研究也支持此观点。莫顿和布莱克的研究结果虽然有了新的突破，但是仍然有很多专家对他们极力主张的（9，9）位置的领导类型在所有情境中都能成功质疑。

上述结果通常会使人们得出以下结论：人性化、参与型的民主型领导类型一定会带来更高的生产率。但是这样的结论只是片面的，不能作为普遍现象。有些研究结果显示，没有任何一种领导类型对所有的情境都有效。例如，一个优秀的国际连锁超市的总经理，不擅长领导一个慈善机构组织；一位优秀的学生会主席，不擅长组织一次夏令营活动。

近年来，有关领导类型效能的研究指出，领导类型的效能与很多因素有关，如文化、时间限制、团体和谐度、团体任务的性质等。因此，需要对团体及其有关环境等诸多因素加以了解，才能做出更适合团体的领导行为。

五、协同领导的团体

当团体成员过多时，团体中只有一位领导者，就会出现领导者在注意、处理甲的问题时，无法关注到乙的情绪，也无暇去观察或了解其他团体成员的反应。因此，协同领导者（Co-Leader）就产生了。除了上述原因，协同领导还可以出现在以下情境：为了给团体更好的协助，当一位领导者投入团体情境时，另一位就能够以参与观察的角度洞察团体动力；在领导训练的课程中，安排一位资质较浅、经验不足的领导者，也称为实习领导者，让其跟随一位资质较深、经验丰富的领导者一起带领团体，从协同带领的过程中学习如何领导团队，获得锻炼。上述情境都是一个团体由两位领导者协同带领的，称为协同领导。

协同领导者是指协助领导者带领团体的人，而"协同领导"是指两人或两人以上共同带领团体。协同领导者不是单一的领导者，故不必完全担负团体的设计、领导和评估等责任，其角色兼具辅助、催化团体及支持成员的功能。在领导训练课程中，两位领导者有资深、资浅之分，但在其他协同领导团体的活动中，两位领导者没有谁大、谁小、谁正、谁副之分。

（一）协同领导的优点

有时因为一个领导者需要带领十几个甚至更多的成员，难免会心有余而力不足。因此，协同领导能够使团体成员得到较好且较多的注意、了解和帮助，两位领导者可以彼此互补，取长补短，成员将获得综合效益，当一位领导者是男性，另一位是女性时，他们可以协助一些需要两种性别来领导的成员。首先，协同领导可以给每位成员两份回馈，一个人难免会有疏忽、遗漏的地方，而两位领导者可以起到相互补充、相互加强的作用，不同的看法可以给团体带来活力，帮助成员开展深层次的探讨。其次，两位领导者彼此之间如何相处，怎样对待彼此关系及团体关系，都可以为成员做良好示范。最后，每位领导者都可以相互观察、共同工作，从对方身上学习并获得成长。

（二）协同领导的缺点

协同领导的缺点有以下几点：

第一，领导权力的竞争问题。当领导者由于某些原因不被成员认同时，另一位领导者就会取代其领导的地位，这样就会引发领导权掌控的问题，危害团体动力。

第二，领导责任的归属问题。当协同领导被领导安排更多的责任和工作任务，却没有相应的福利待遇时，就容易引发协同领导者的不满情绪，影响领导者间的关系，这种不和谐的关系也会给成员及团体带来负面影响。

第三，不同个体差异带来的意见分歧。两位领导者在领导风格上有所差异，不可能总有相同的观点与解释，有时由于互相不认同，就会产生不必要的意见分歧，成员该听谁的就成了问题，这样就会使团体活动无法进行。

（三）协同领导应注意的问题

协同领导的团体常会出现问题。协同领导能否创造并维持有效的工作关系，起决定作用的是能否"相互尊重"，不同的人格特征会导致协同领导者在行为方式上出现差异，但是如果双方彼此尊重，相互信任，都抱着开放的态度，就能合作共事，而不是相互竞争。领导者的选择、配对是否恰当对于领导者的功能能否最大地发挥、团体任务能否较好地完成尤为重要。两位领导者一起合作时要注意以下事项：每位领导者都必须了解自己的长处、短处、特性等，并在此限制之内工作；每位领导者都必须避免争夺"谁是真正的领导者"；每位领导者都应该具有带领团体的经验；每位领导者在其领导方式上都要有弹性。

简单地说，协同领导者必须是能够共处并相互容忍的两个人，他们会运用自身的能力，并且不会在团体中争权夺利。如果两位领导者在团体里彼此竞争，那么最终受害的就是整个团体。

第二节　团体领导者的条件

一、团体领导者的人格特征

个体的人格特征决定了他是否能够担任团体中的领导者。也许当读者看到这句话时会感到困惑，会问："领导者，难道不是具有深厚的理论知识、丰富的实践经验、高超的咨询方法和技术的人吗？怎么是人格特征决定了他是否能成为领导者呢？"大多数人都会有这样的疑问，即把团体心理辅导的成效归结为辅导者的理论、知识和经验，但是心理咨询的先驱们都一致认为，决定团体成效的是领导者的个人修养和素质。因此，要想提高团体成效，领导者的人格特征是关键。美国心理学家帕德逊（Patterson，1985）曾指出，治疗的关键不是治疗员做什么，而是他是谁。咨询的方法和技巧与其使用者及他的性格是无法分割的。美国心理学家阿裴尔（Appell，1963）的观点也提到，在咨询过程中，咨询师能带进咨询关系中最有意义的资源就是他自己。香港中文大学教育学院心理辅导学教授林孟平指出，在整个辅导过程中，最重要的并不是一个人的学位、资历、理论和技术的纯熟，而是辅导者本身的修养。

（一）国外学者的观点

美国著名心理学家杰拉尔德·柯瑞（Gerald Corey）和克拉兰（Callanan，1994）曾明确列出了高效能团体领导者的人格特征：

1. 有良好的意愿，真诚对待他人、尊重他人、信任他人。

2. 有能力并且能够与人分忧、与人共乐，以开放的态度对待团体成员。

3. 认识自己，接纳自己。帮助成员发现个人的能力，学会自立。

4. 通过学习不同学派的理论知识，建立属于自己的领导风格。

5. 具有冒险精神，乐于将自己的感受与体会分享给他人。

6. 自尊自爱，悦纳自我，运用自己的长处和他人建立良好的关系。

7. 为成员做典范。

8. 勇于承认并承担自己犯下的错误以及后果。

9. 有不断成长的意愿。

10. 幽默风趣。

11. 能够忍受人生的不确定性。

12. 能虚心接受他人的意见。

13. 真诚地关心他人的利益。

14. 能够在工作当中获得人生的意义。

15. 以现在为导向。

16. 持续深入地觉察自己和他人。

17. 具有一颗真诚的心。

美国社会心理学家伊恩·帕克（Ian Parker，1962）提出，能够增进团体心理辅导成效的团体领导者具有广泛的个体经验、自觉、接纳、善于表达情感、个人的安全感这五种人格特质。哈维尔（Harvill）和梅森（Masson）等认为，成功的团体领导者具有以下人格特质：开放、关怀、弹性、温暖、客观、可信任、诚实、有力量、忍耐、敏锐、自觉、喜欢他人，不论是独处还是在与他人相处时都自如而安全，身处权威也安然，相信自己的领导才能，能够洞察他人的心理健康。美国临床心理师巴里·J. 雅各布斯（Barry J. Jacobs）等人指出，高效能的团体领导者的人格特征包括关心、坦白、灵活、温暖、客观、可信任、强壮、忍耐、敏感以及悦纳自我，与他人相处和睦，能换位思考，在权威的位置上让他人感到舒适。

（二）我国学者的观点

林孟平认为富有成效的团体领导者应该具备以下特征：

1. 正确地认识自我、接纳自我。

2. 敏锐的知觉，把握环境。

3. 相信自己，自我肯定。

4. 参与并投入团体活动，身体力行，以身作则。

5. 表里如一，心口一致。

6. 严于律己，做好典范。

7. 愿意接触和面对个人的需要。

8. 清楚地了解自己的价值观。

9. 相信团体过程的功能。

10. 不断更新成员。

11. 勇于创新。

樊富珉认为一个成功的团体领导者必须具有以下特质：

1. 自我形象健康。

2. 敏锐的自我知觉意识。

3.具有与他人建立良好关系的能力。

4.有不断成长的意愿。

二、团体领导者的理论知识

除了以上的人格特质作为前提，为当好团体领导者打下坚实的理论知识基础也是十分重要的，仅具有以上所说的人格特质还不足以成为一个成功的团体领导者，还需要个人有一定的理论知识作为基础。因此，除了先天以及后天所培养的一些个性，一个好的、成功的团体领导者还必须对团体心理辅导的理论有充分的了解，对各个学派的观点、理论的独特之处要非常熟悉；并且通过学习各种理论，然后结合自身实际，取其精华，去其糟粕，使其成为自己的东西；最终还要由量变产生质变，达到质的飞跃，也就是尝试建构属于自己的团体心理辅导理论。

（一）对于辅导理论的良好理解

理论为团体领导者提供了各种各样的方式来领悟人们的所说、所作、所为，了解理论是理解自然环境和社会环境的关键，这样才能更好地了解他人以及人们生活的世界。例如，在治疗理论中，理性情绪行为疗法、交往疗法、现实疗法、行为疗法等可以帮助领导者理解人们在生活中以及团体中为什么会有这样或那样的行为。柯瑞（1992）指出，团体领导者会发现，没有任何理论支持的干预措施指导下的团体心理辅导永远也不能达到理想的阶段。

（二）关于主题的知识

在所有的团体类型中，知识丰富的团体领导者比知识贫乏的领导者要领导得更加出色。拥有广泛、丰富的主题知识，可以使领导者更好地去促进成员讨论、澄清问题以及交流观念。

三、团体领导者的领导才能与专业技巧

一个成功的团体领导者需要接受专业的训练，善于运用支持、鼓励、同理、指导、关心、接纳、尊重、积极关注等技巧，参与和影响团体的发展，使每个阶段达到理想的效果。此外，还要能够妥善地处理团体心理辅导过程中出现的各种问题，使团队得以顺利发展。

（一）计划与组织才能

成功的团体领导者都是很好的计划制订者，他们所制订的计划既能够体现个人的价

值,又能够激发团体成员的兴趣,以这种方式所制订的一次会面或者一系列的会面能够让团体得到意想不到的收获。在讨论各种团体时,高效能的领导者会投入大量的时间与精力来思考与团体活动相关的主题以及与这些主题有关的练习等。他们在组织会面时能够很好地引入事先设计的主题,并能够以一种非常自然且自如的方式来转换不同的主题。

(二)解决基本的人性冲突和两难困境的能力

团体领导者必须做好处理大量的人性问题和多元文化等问题的准备,这在成长团体、咨询团体和治疗团体中尤其如此。在这些团体中,成员经常会面对罪恶感、失败的恐惧、自我价值、父母、愤怒、爱情关系和死亡之类的问题,领导者要对这些问题有很好的理解并且能够帮助那些正在与这些问题作斗争的成员。

四、团体领导者的经验

这里的经验不仅指丰富的带领团体的经验,还指个人与人交往的经验、个别心理咨询的经验以及和团队一起工作的经验等。

(一)与人交往的经验

领导者广泛的生活阅历能够帮助他们更好地去理解各种类型的人,一个成功的团体领导者一定花费了大量的时间与各种各样的人进行交谈,而不仅仅只是接触身边的人。随着世界开放性、多元化的发展,构成团体的成员也在向多元结构发展,领导者应该做好准备。

(二)个别心理咨询的经验

咨询或治疗团体的成功要求团体领导者不仅有与人交往的一般性经验,而且具有大量的一对一咨询的经验。这一点是必要的,因为在领导团体的过程中会出现各种各样的情境,领导者个人咨询的经验越多,就越容易同时针对个人和团体实施辅导。

(三)和团体一起工作的经验

在刚开始领导团体时,难免会遇到一些问题,犯下一些错误,这是个人成长必须经历的一环,不必过于自责。在任何技巧运用的过程中,练习和经验都有助于提高个人有效运用技巧的能力。因此,一个成功的团体领导者要经历以下几个环节:

初期,主要是了解团体心理辅导各阶段的内容。可以先观看一些团体心理辅导的视频资料并做出评价;观察团体心理辅导的过程;作为一名团体成员加入一个团体等。

中期,经过以上几个步骤的学习,对团体辅导的各阶段及相关的注意事项有了一定的了解,可以在督导下协同领导团体。建议先对一些教育团体、讨论团体、支持团体等进领导，将人员限制在 4～5 人。

中后期，能够胜任团体领导后，单独领导一个团体，既能得到督导者的指导反馈，也能对自己的表现进行评估与自我分析。

后期，在督导下作为一名团体领导者进行实务工作。可以逐渐增加团体成员的数目或者领导一个自己熟悉的成长团体，在一定的次数之后，觉得自己能够自如地领导成长团体时，就可以尝试和别人共同领导一些咨询或者治疗团体，然后开始自己的独立领导。

五、团体领导者的职业道德

美国心理学会和美国团体治疗协会已经特别指定了团体领导者的道德规范。在团体心理辅导过程中，领导者要以团体成员的利益为重，尊重成员的隐私，保守成员的秘密。

由此可见，要成为一个合格的、富有成效的团体领导者，不仅要有个体人格特质方面的成长，而且要掌握理论知识，熟悉团体心理辅导的技巧和方法，具备参加相关团体心理辅导的经验，学习团体领导者的专业伦理。

第三节　团体领导者的角色与功能

领导是一种影响力，在个体改变中起着牵引的作用，在这种影响、改变的过程中，领导者起着关键的枢纽作用。在团体心理辅导中，领导可以被认为是团体动力，领导者就是这一动力的发起者。有效的团体心理辅导必须依赖于以下四个条件：第一，团体心理辅导的目标是被成员所认可的；第二，有一名称职的团体领导者；第三，每个成员都能积极地参与到团体活动中；第四，在团体活动中，主题以及相应的活动是适宜的。在四个基本条件中，领导在团体心理辅导中始终起着组织与指导的作用，这也是团体心理辅导最终富有成效的关键。在带领团体的过程中，团体领导者扮演着不同的角色，当然，团体心理辅导的最终成功不能仅仅归功于领导者，还取决于其他多种因素，但不可否认的是，在团体活动中，团体领导者的引导、催化和整合功能起着决定性的作用。

一、团体领导者的角色

（一）引导者

既然是"团体领导者"，那么引导者的角色是显而易见的，这需要领导者利用自身已有的知识技巧来带动成员发挥他们的个人能力，以实现他们的个体目标。因此，引导者的角色就体现在制订活动计划、提供适当的学习机会、控制情境、为参与者建立行为模式、促进成员表达思想情感的过程中。在整个过程中，团体领导者也是一个引导者，掌握着团体前进的方向，引导团体心理辅导每个阶段的运作，包括活动前的动员，活动中的启发、激励、引导，活动结束时的分享与总结以及结束后的效果追踪、反馈等。

这个角色比较强调领导者的责任，其优点是可以使领导者在团体过程中肯定自己，也使成员免于在不明确、模糊的情境中挣扎；其缺点是太依赖领导者，使团体缺乏弹性，减少了成员在团体中肯定自己的机会。因此，使用这个角色时，领导者需要适合团体中的个人需求或能够引起有利的团体互动。

（二）催化者

催化者的角色通常要配合团体成员活动的方向目标来协助团体的发展，这个角色比较强调成员的责任。心理学家敏茨（Mintz，1976）认为，催化者的任务就是要能够觉察到不同团体的性质和不同成员的需要，给成员提供一个安全的外在环境。这时，团体领导者不需要为团体指引任何方向，而必须能够跟随整个团体的情绪动向来处理相关事宜，其优点是对于互动方向、成员有相当的自由权；其缺点是如果团体成员完全自由了，团体可能会产生一定的压力以及因没有方向而导致的挫折感，而且也不利于全面促进团体活动的进程。

因此，在领导者选择充当催化者这个角色时，要视不同性质和目标的团体而定。例如，在目标为个人成长的团体中，则以协助成员充分表达自己、建立坦诚关系、多觉察成员的情绪情感为主。如果是在治疗团体中，领导者要多了解成员的情绪障碍，如遇到过多的焦虑、压抑和退缩等情绪障碍，应予以介入，不要只随团体的波动而行事。

（三）参与者

在团体中，成员间的相互依赖非常重要，这种依赖感的产生就要靠领导者自身在团体中的表现。此时，团体领导者不能把自己当作一个控制者、团体当中的主角或者动力来源，虽然团体领导者承担着指导的任务，但是他们本身也是团体中的一员，应该与其他人一样积极地参与互动。这时，团体领导者应该把自己当作团体内的一个普通成员。

这个角色的优点是成员可以感受到领导者和他们是平等的，可以与他们打成一片，对团体士气和情绪有正向的影响；其缺点是领导者本身不容易决定何时成为一名"成员"。因为有些成员不希望领导者也来团体中谈自己，他们希望领导者在团体中只是扮演成员有需要就给予协助的角色。此外，有时领导者自认为他是以参与者的姿态加入到团体活动中，成员可能认为他会垄断团体。因此，在使用这个角色时，领导者要特别注意分享的形式和分享的程度与量。

（四）观察者

观察者的角色常与其他角色合用，如引导观察者、参与观察者等，观察者的角色就是团体领导者能够保持客观的态度，对团体所发出的信息能够有一定的敏感性，能够随时了解团体和个人的情形，以便于处理团体活动过程中所产生的问题。观察者要对团体内部的气氛、流程、领导行为与成员反应加以观察、记录及分析，其目的在于能完全掌握促进团体发展的因素，务必使每位成员、每个过程都能有效地被关注到。例如，成员的发言频率与次数、发言内容、口语与非口语行为等。美国人本主义心理学家朱拉德（Jourard）认为，当团体领导者作为观察者的角色时，要能把握好分寸，自然地加入或者退出团体当中。当加入或者退出时，不但要使自己清楚地知道，还要使团体成员知道，要分清楚团体目前处于哪个阶段、哪个结点，以便以后再加入，来推动团体成长。

观察者角色的优点是能够发现团体中的问题，在问题严重之前及时解决；缺点是作为观察者，团体领导者的举动常常使成员有种被监视和被人分析的感觉，会使领导者和成员产生间隙。因此，领导者在充当观察者时，要注意用观察所得给予个别成员或者团体积极而具有意义的评语，不要利用观察资料来作为成员缺点或者出现问题的依据，这样就可以在一定程度上减轻成员由于被观察所产生的不舒适感。

（五）专家

在领导者的各种角色中，专家这个角色对成员和团体最有用，也最具危害。通常情况下，凡是主动要求参加团体心理辅导的成员基本上都有两个目的：一是希望能够通过参加这次活动学到一些社交技巧和社会生活能力；二是通过学习，能够找到自己的问题，改变自己的形象。从总体上来说，就是希望在以后的生活中，能够更好地学习、工作和生活。因此，团体领导者在必要时，会以专家的角色来为成员讲解一些新概念、新理论和新方法，提供新的信息，介绍新的价值。

领导者若能以其专业训练的知识、能力来协助成员解决问题，营造一个具有治疗功能的团体氛围，对成员有利，尤其表现在成员进行自我试探时，会遇到疑惑，需要领导者的指点，但是这个角色最大的危害也在于此。孟子有言："人之患在好为人师"，如果团体领导者在不了解行为改变的过程的情况下，急于给成员劝告、忠言、教导、开导，试图用三言两语去解决成员的问题，可能会给其带来不可挽回的后果。唯有协助成员去了解自己及其所要解决的问题，他才能在别人或领导者协助下找到解决问题的正确方法。忠告、谏言依据的是个人对他人问题和环境的假象，而不是直觉。

因此，为了使领导者能够适当运用这一角色，领导者必须在扮演专家角色之前先搞清楚自己的动机。如果有利于团体过程的发展且能够使成员更加了解自己，则可以去做。

当然，这种做法是有条件的，不是建立在自己的私欲之上，而是处于完全为他人着想的情况下，有的团体领导者自认为这是对团体有利的，但事实上却并非如此。区别就在于领导者是对自己的"良言"十分重视，还是对成员本人比较重视。

由此可见，每种角色都有优点和缺点。如何恰当地选择这些角色，一方面，领导者要根据团体的性质，重视团体成员的需求；另一方面，领导者要从经验中不断考验自己在这些角色执行方面的效果，以便整合自己的角色与团体中的领导功能。

二、团体领导者的功能

（一）团体领导者的基本职责

根据樊富珉的观点，团体心理辅导中领导者的基本职责可以概括为以下四项：

1. 调动团体成员的参与积极性

在团体心理辅导过程中，团体中的每一个成员都应该被团体领导者积极关注，领导者应该认真观察他们在情绪、情感以及心态上的变化，鼓励成员大胆地表达自己的意见、看法，鼓励成员相互交流，开放自我，积极讨论，引起大家对团体活动的兴趣。

2. 适度参与并引导

团体领导者应该根据团体的实际情况，把握自己的角色，发挥领导者的作用。在团体形成的初期，团体成员间不了解彼此，团体氛围还未形成，领导者要以每个成员的身份参与活动，起到榜样的作用。在引导成员开始讨论共同关心的问题时，领导者应该注意谈话的中心及方向，适时适当地加以引导。

3. 提供恰当的解释

在团体心理辅导过程中，当有成员对某些现象难以把握或对某一个问题分歧过大而影响活动顺利进行时，领导者需要提供意见、解释。解释的时机和方式因为团体活动形式不同而不同。例如，在以演讲、讨论、总结形式为主要活动的团体中，领导者可以在开始时就成员的共同问题进行具体而系统的讲解。在解释时要做到表达简洁、通俗易懂、联系实际、深入浅出，避免长篇大论，避免过分专业化，同时还要注意"点到即止"，以此避免影响成员的独立思考。

4. 创造融洽的气氛

在团体心理辅导过程中，领导者最主要的职责之一就是营造团体的氛围，使团体成员能够相互尊重，相互关心，营造一个充满理解、同情、温暖、安全的氛围。在这种氛围中，团体成员可以真实、毫无顾忌地放开自己，在成员彼此相互接纳的氛围中获得成长。

（二）团体领导者的基本态度

罗杰斯（1959）提出了咨询师的三个基本态度：共情、真诚、无条件地积极关注。他认为，在咨询过程中，这三个基本态度是必需的，而且足以使咨询产生效果，促使当事人改变和成长。他认为，在团体辅导过程中，团体领导者最重要的任务就是营造良好的氛围。如果团体领导者能够充分地发挥这三种基本态度，就能不断地创造出一个被团体成员接纳和信任的气氛。在这种融洽的氛围里，成员可以展现出更加真实的自己。

事实上，罗杰斯所提出的这三个基本态度已经超越了各学派和来访者的类型，成为学者普遍公认的咨询成功的基本条件。

1. 共情

共情（Empathy）也称为神入、同理心、同感、投情等，是指体验别人内心世界的能力。共情包括三个方面的含义：领导者借助成员的言行，深入对方内心去体验他的情感、思维；领导者借助知识和经验，把握成员的体验与其经历和人格之间的联系，更好地理解问题的实质；.领导者运用辅导技巧，把自己的情感传达给对方，以影响对方并取得反馈。

共情需要理性，不能代替当事人做感性判断。例如，不能出于对犯罪人用意的理解，而产生边际情绪，那是十分不理智的。共情不代表乱用同情心，那只是为了帮助他人导入积极、乐观、向上的情绪，进而获得高 PCA（心理资本，指个体在成长和发展过程中表现出来的一种积极心理状态，是超越人力资本和社会资本的一种核心心理要素，是促进个人成长的心理资源）。

在团体心理辅导过程中，领导者要做到共情，就要有能力从聆听的过程中推断出成员的感受、信念和态度，并有效地将这些感受传达给对方，对方就会感受到领导者很了解他，从而产生一种温暖、被接纳的满足感，这种感受可以诱发他及其他成员在沟通过程中，共同营造彼此体谅、关心和爱护的氛围。

2. 真诚

真诚是咨询关系中最重要的，具有治疗功能的因素，是指在咨询过程中，咨询师以"真正的我"出现，没有防御式伪装，不把自己藏在专业角色后，不戴假面具，不是在扮演角色或例行公事，而是表里一致、真实可信地置身于与求助者的关系中。只表达对当事人有利的部分。如果领导者的所想所感不经分辨就表达出来，有时不但不能产生治疗效果，反而可能伤害他人，破坏双方的关系。

在团体心理辅导过程中，领导者对团体成员的真情流露和基于尊重和信任的坦诚，可以使成员逐渐卸下伪装，展现出最真实的自我。

3. 无条件积极关注

无条件积极关注是心理治疗的前提，它主要表现为心理咨询师对来访者的态度，即无论来访者的品质、情感和行为怎样，咨询师对其都不做任何评价和要求，并对来访者表示无条件的接纳，使来访者觉得他是一个有价值的人。无条件积极关注并不是对一切都无条件接纳，无条件积极关注也不是咨询者不能拥有自己的价值观，咨询师只要了解无条件积极关注的真正含义，完全可以在不放弃自己价值观的情况下，仍然维持一种不审判的态度。

在团体心理辅导过程中，无条件积极关注是团体领导者通过对成员的关注、聆听及适当的应答，包括对身体的关注和对心理的关注，并设法向成员有效地传递自己的情感，让对方感受到自己被尊重，自己是一个有价值的人，因此产生一种满足感，重新对自己产生信心，努力克服自己的不足。

（三）团体领导者在各阶段的任务

团体领导者在团体过程中最重要的任务就是运用自身的专业知能催化整个团体，与成员互动，注重成员们此时此刻的表达与反馈，并引导团体营造最具建设性与治疗性的氛围。此外，还需要团体领导者熟悉团体心理辅导在各个阶段的特征，清楚自己在各个阶段应该做什么，以便能够自如地引导团体向着最终目标发展。

1. 团体心理辅导开始前

在团体心理辅导开始前，领导者的主要任务就是要制订一份详细的团体心理辅导计划书，对团体心理辅导在进行的过程中可能遇到的问题有一定的心理准备，并慎重甄选团体成员，组建团体。

2. 团体心理辅导初期

在这个阶段，团体已经形成，团体领导者要做的就是告知成员一些基本规则，并指导他们积极地参与到团体活动中。同时，要让成员了解团体心理辅导的基本过程，帮助成员建立个人的目标。领导者要鼓励团体成员表达内心的真实感受，做出适当的改变，自我开放，营造相互信任的氛围。

3. 团体心理辅导过渡阶段

在这个阶段，领导者面临的主要挑战是如何以适时而敏感的态度对团体进行催化，主要任务是提供鼓励与挑战，使成员能面对并且解决他们内心以及相互之间的冲突和消极情绪，增强团体的凝聚力，激发成员的思考，促进团体成员之间的互动，引导团体向成熟阶段发展。因此，团体领导者要注意指导成员了解处理冲突的情境，了解自我防卫的行为方式，有效地克服各种形式的抗拒行为，鼓励成员谈论与团体活动有关的事情。

4. 团体心理辅导工作阶段

在这个阶段，领导者的主要任务是自我开放，分享成员的感受，为成员树立榜样；鼓励和支持团体成员，使他们有信心、有勇气认识自我，尝试新的行为方式；同时引出讨论问题，发起成员的讨论，引导成员通过合作找到解决对策，鼓励成员从团体中学习并获得收益。在此阶段，团体领导者还应该关注团体中每个成员的表现与反应，评价成员对团体的兴趣与投入程度。

5. 团体心理辅导结束阶段

在这个阶段，团体领导者的主要任务是回顾与总结团体经验，评价成员的成长与变化，协助成员对团体经历做出个人评估，帮助成员整理他们在团体心理辅导过程中所学到的知识，并鼓励他们将这些知识运用到实际生活中。除此之外，领导者还需要帮助成员检查还未解决的问题，关注成员间已经建立的关系。在团体心理辅导结束后，团体领导者还要对团体心理辅导的治疗效果进行评估，总结经验，找出不足，找到改善的方法，如有必要，团体领导者还需要对辅导的效果进行追踪调查。

由此可见，领导者具有规范性功能、协调性功能、评价性功能和整合性功能。

第四节　团体领导者的伦理与培训

一、团体领导者的伦理

（一）团体伦理及其功能

辅导应该重视辅导者和被辅导者在辅导过程中的相互作用与相互影响。而团体方式的辅导，人数不止 2 个人，至少是 6 个人，这样的团体，辅导过程中的互动会非常多，情况也相当复杂，会产生多种影响。为了使团体发挥正面作用，身为团体的领导者，在团体活动过程中发挥着设计、执行、引导以及催化等功能，对团体的影响力是不可估量的。如果团体领导者对团体动力缺乏足够恰当的理解，只是片面地看到团体积极的一面，却忽视了隐性的伤害因素，那么就可能对团体造成伤害，使团体扭曲，不仅不能发挥正面作用，反而会给其成员带来伤害。因此，领导者需要知道并遵守什么该做什么不该做的原则，以保障当事人的权益，保障社会的权益，并规范辅导人员的行为，以获得社会大众的信任。

在团体心理辅导活动中，专业伦理是领导者的行事准则，是在专业价值基础上的一套行为标准。一位优秀的团体领导者除了要具备辅导的专业技能、良好的人格特质，更要有正确的伦理道德观念。在带领团体的过程中，领导者必须遵守适当的专业原则与标准，以此来增进团体的成长，维护成员的利益。

团体伦理的重要性主要包括两个方面：第一，团体心理辅导是一种助人的专业工作，团体成员能否得到帮助，是否会受到伤害，与团体领导者的能力水平的高低有直接的关系，所以为了保证专业服务的质量，对团体领导者要有一定的规范要求；第二，在团体心理辅导过程中会涉及多人之间的互动，不只是辅导者和单个成员的关系，还有成员间互动的复杂关系，要想使成员通过互动关系而从中受益，就必须共同遵守一些行为准则。

从团体领导者自身所具备的能力和现有伦理规范两个方面来说明适当的团体伦理产生的几种重要功能如下：有足够的专业能力与资格的团体领导者能够有效地带领团体，使成员获得帮助；在团体活动的过程中，有了团体伦理规范的保证与实施，团体活动能够顺利进行；团体伦理规范有助于厘清团体活动中领导与成员之间和各个成员之间的权利与义务，使领导和成员负起各自应尽的责任，且行使各自的权利；团体伦理规范有助于协助领导者与成员在团体活动过程中面对问题作出决定，特别是用来解决可能面临的道德两难的情境；团体伦理规范可以督促领导者随时随地审视自己的伦理水平和自身能力，从而保证团体领导者的专业性，让他们能够更谨慎地进行辅导。

（二）团体辅导专业伦理标准

目前，我国的团体心理辅导还处于发展初期，但不少专家已经在探讨制订专业责任与道德规范。在劳动和社会保障部制订的心理咨询师的职业标准中已经涉及专业伦理问题。在目前的条件下，我国团体心理辅导中的领导者应该遵循的专业伦理道德标准应该包括以下几个方面：

1. 领导者必须接受系统的团体训练，具有专业的资格。

2. 必须遵守社会道德标准。

3. 尊重当事人的权益，保证当事人利益不受侵害。

4. 不利用成员满足自己的个人需要。

5. 精心选择团体活动方式。

6. 不对自己的家人、朋友咨询，避免建立双重关系。

第一条至第六条都是为了保证成员避免伤害。在团体心理辅导中，团体会对成员有一定的潜在伤害，如挫折感、丧失自信、关系不良、沮丧或害怕等，使其不愿意参加团体活动。

7. 尊重成员加入团体的自愿选择权。参与团体应该出于个体的自愿，出于自身的需求，领导者不能强迫个体参与到团体中这可能会造成个体心理上的伤害，会引起其抗拒情绪。自愿不仅仅是在参与团体前，领导者在带领团体的过程中，应该允许成员可以选择不参加某些活动或者对一些事情保留自己的意见。如果团体成员对某些活动保留意见或者完全不参与团体活动会对团体心理辅导效果有一定的影响，首先最重要的也是考虑每个成员的感受，并且不能对成员有所伤害。

8.团体领导者必须了解自己的能力限制，不做超越能力的事，必要时要转介。领导者并不是神圣的，不是什么都能办得到的，领导者应当对自己的团体有一定的了解，并且借助这些了解运作团体。领导者不应该参与一个他未做过或全然不懂的活动中，"进得去"而不知如何"出来"是很危险的。因此，真正了解自己的能力与局限是很重要的。在团体中实施超越能力的行动不但会自伤，而且也会伤害其他成员甚至是整个团体。

9.个人及要求团体成员保密。

10.团体心理辅导的资料，如文字记录、录音、录像、测验资料以及其他文件等属于专业资料，必须获得当事人的同意才能使用，若使用在研究、教育训练中，应当对当事人的身份完全保密。

第九条和第十条是关于隐私的保密守则。参与团体心理辅导活动时，成员会担心个人隐私暴露以及考虑团体是否足够安全，首先害怕他们在团体过程中表露的隐私会被说出去而变成别人茶余饭后的笑料；其次就是担心自己把缺点表露出来后，会成为日后其他团体成员攻击自己的把柄；最后就是担心在尝试新行为时所犯的错误会被告诉公司的老板或学校的教师等，这些担忧都是可能发生的。因此，在团体开始时就需要有保障隐私及确定保密的协定。领导者需要说明任何成员在非自愿的情况下，不会被迫做任何其不想的或不愿做的事情，在过程中确实保证隐私及保密，团体的信任才会产生，成员才不会受伤害。

团体领导者不符合道德的行为至少包括强迫他人参加团体心理辅导；在团体中做不恰当的实验；借团体之名对成员进行虐待、责骂，造成成员精神上的痛苦；让成员分享自己的经验，但没有安全保障与支持。

简单来说，国内外的守则主要都是关于团体领导者的训练，团体成员的筛选，团体成员的权利，团体成员与领导者之间的个人关系，成员之间的个人关系，团体技术的应用，领导者价值观念，照会与转介，团体结束与追踪等的内容。在对于团体伦理标准的界定上，专家和团体心理辅导专业组织在内容方面有不同的看法，但是所体现的基本要求和专业道德是一致的，主要包括三个方面：首先是自主性，即团体成员自己做决定的能力；其次是无害性，即保证团体成员在参与辅导的整个过程中都不受到伤害；最后就是公平性，即在辅导中，所有成员都是平等的。

（三）团体心理辅导中的法律保障

在团体心理辅导过程中，如果领导者没有对团体成员尽关照之心并且将其付诸行动，就很可能卷入法律纠纷。因此，团体领导者需要在自己的经验范围内提供服务，在行使自己作为团体领导者的职责时不可疏忽大意。因此，团体领导者需要了解有关法律。法律保障方面的工作主要有以下几点：

1. 让成员知道有关团体的进度，包括政策和程序。

2. 在团体开始时就采用书面形式的同意书，由领导者和成员共同签署。

3. 对成员的关心和服务要有明确的标准。

4. 在处理法律和道德问题时，应找督导和同事商量。

5. 不要违反国家和地方的各种法律法规。

6. 不向成员说出不能实现的承诺。

7. 如果工作对象是未成年人，必须事先获得他们父母的书面同意书。

8. 避免在团体过程中与团体成员发生团体之外的社交关系。

9. 经常关注团体心理辅导最新的研究资料，不断充实自己的领导技能。

二、团体心理辅导领导者的培训

团体心理辅导领导者是团队心理辅导的主要人物，若想更加合理、有效地开展团队心理辅导工作，需要团队心理辅导领导者进行策划训练、引领训练、支持训练、信息提供训练、陪伴训练和评估训练。

（一）策划训练

在团体心理辅导的准备阶段，团体领导者主要承担着策划者的角色，这一角色主要体现在方案策划和招募策划的过程中。策划出一个详尽周密的团体方案是团体心理辅导顺利进行的保障。团体方案的策划主要包括制定团体目标，确定目标群体、团体结构以及实践中要考虑的其他问题，清晰明确的团体目标可以指引团体的发展方向，具有导向的作用，因此，团体领导者首先要制定团体目标。个体成长过程中出现的问题、领导者的经验和兴趣、工作组成员的组织结构、活动开展的客观条件等都可以作为制订团体目标的依据，领导者要在此基础上来确定团体的类型和成员的人数、年龄等事项。而对于团体的会谈频率，每次会谈持续的时间，领导者也都应做好安排。

领导者的招募策划包括组织宣传的策划和筛选成员的方式两个环节。在宣传团体时，可以通过现场招募、张贴海报、广播等方式让目标群体了解到团体的相关内容，领导者必须做到准确描述团体，避免过度承诺，以免成员对团体产生任何不切实际的期望，这些内容包括团体目标、团体规则、团体运作以及对参与者的要求和期望等。在筛选成员的方式上，领导者可以通过个别会谈、测验、他人的介绍等来评估和挑选成员，通过与确定成员的会谈，领导者还可以了解到成员的团体期望及自身的发展需要，据此适当地调整自己的方案。

（二）引领训练

在团体心理辅导过程中，领导者作为引领者的角色体现在总体走向的引领、规范引领和示范引领三个方面。作为领导者，应该按照制订好的团体方案来开展活动，引导团体的发展方向，循序渐进地完成预定目标。在团体活动的初始阶段，领导者应该从三个方面明确团体规范：第一，在制度上要求成员做到保密，按时完成每个单元后的作业等；第二，在程序上希望成员定期参加，准时出席，真诚地分享自己的感受，直接与团体中的成员进行沟通、互动，聚焦此时此地的体验；第三，在行为上，领导者需要引领成员用恰当的方式表达自己的观点和感受以及对其他成员的信息给予反馈。在整个团体心理辅导过程中，领导者也会通过关注、倾听、情感共鸣、自我暴露等自身的态度和行为，以身作则，赢得成员的信任，促使团体成为有安全感的团体，成员勇于表达自己的感受，也愿意自己决定具体的目标和探索的个人领域，可以聚焦自己的愿望，进行自我暴露。领导者通过自己的示范，引领团体建立团体信任感，提高团体凝聚力，可以引导团体更好地发展。

在团体心理辅导活动后期，团体规范已经形成，团体成员间的信任感已经确立，团体成员间的互动方式已经成熟，此时，领导者的引领角色便有所弱化，更多的是以参与的角色陪伴团体走下去。

（三）支持训练

领导者的支持者角色体现在两个方面：一是给整个团体以支持；二是给成员个体以支持。领导者对团体的支持作用，主要体现在帮助团体营造一个安全、稳定的氛围，使成员关系稳定，促进团体信任。这样可以使团体成员具有一种冒险精神，增加成员的垂直自我暴露机会，引发成员深层次的自我探索愿望，增强团体心理辅导的效果。

随着团体中成员自我暴露程度的加深，成员们会对自己透露出的非常私人化的信息感到忧虑。团体领导者对团体成员思想观点上的理解、情感上的共鸣、行为上的接纳都是一种鼓励和支持，可以帮助成员们摆脱焦虑的情绪，从而鼓励成员进行更加深入的自我冒险。这里所说的支持和鼓励必须是恰当和诚恳的，领导者的角色是支持性的，并给其他成员传递了一个信息，即批判和评论会有阻碍治疗的效果，此时，领导者也对刚刚自我暴露的成员给予了保护。而领导者对团体成员个人行为的支持也会对其他成员的行为产生影响，这些支持会产生一种良好的团体氛围，增进成员间的信任感，并促进成员更深入地冒险和主题探讨，促进成员个体的成长。

（四）信息提供训练

领导者所扮演的信息提供者的角色包括介绍团体心理辅导的相关知识、在团体活动进行过程中给予成员反馈以及澄清等。在团体活动的开始阶段，团体领导者需要向成员介绍团体心理辅导的目标、团体心理辅导的优势与特点、团体心理辅导的理论和技术以及成员需要履行的义务等。

领导者可以通过积极或消极的反馈提供各种信息。在团体发展的不同阶段，反馈的重点不同，提供的信息也会不同。在团体开始阶段，领导者要更多地对成员的各种自我表露和冒险行为给予积极的反馈，这时他的反馈所传达的信息是：我们的团体是安全的，大家可以尽情地表达自己的观点和意见。而在结束阶段，领导者往往会对团体中焦虑感过高的成员予以消极反馈，这时领导者传递的信息可以理解为：分离是我们必须要面对的，但我们的心永远在一起。此外，针对不同成员的特点，领导者也可以采用多种反馈的方式进行引导，澄清可以为成员提供更加准确清晰的信息。领导者用提问等方式明确和完善成员所表达的观点，这样不仅可以帮助成员自己发现问题所在，而且也可以使其他成员更加了解团体中的各种信息。

（五）陪伴训练

在团体心理辅导的过程中，领导者始终陪伴着团体成员。组成团体的不是领导者或成员自己，而是这个集体。因此，可以用"同路人"来描述领导者和成员之间的关系，在团体心理辅导过程中，领导者需要把自己当作团体内一个普通的成员，与其他成员一起，专心聆听他人的表达，专心观察成员的一举一动，全身心地接受，不妄加判断。领导者的陪伴者角色尤其会在团体活动的中后期更为凸显。此时，团体成员彼此间的互动增加了，有了更多的参与活动的积极性，同时，成员会发现一切行为的主权都由自己控制，会更少地依赖领导者。如果团体中已经形成了平等、尊重、安全、接纳的氛围，成员会逐步减轻自我防卫心理，表露出更多的个人信息，并希望我们去探索问题和解决问题，会更好地自我成长。在团体心理辅导过程中，领导者也会有更多的自我暴露，更多地与成员分享自己的感受，参与成员的探讨，相互学习，自己也会有收获和成长。

（六）评估训练

在整个团体心理辅导过程中，领导者始终承担着评估者的角色。在团体心理辅导的每个独立单元结束时，领导者都会引领大家共同分享感受，了解成员的问题、成员参与本次活动的收获以及掌握本次活动目标的完成情况来及时掌控团体心理辅导的进展情况。在团体活动中期，领导者需要对成员的兴趣水平进行评估，领导者可以依据成员缺席和迟到的次数，也可以观察成员在整个活动中的热情程度。领导者应该了解成员的兴趣以及热情降低的原因，如果成员是被迫加入团体的或者其他原因，领导者都应设法对了解到的情况采取相应的措施。在团体活动结束时，领导者会让成员讨论以下主题：你们学到了什么，你们的转折点，哪些是你们喜欢的，哪些对团体来说是困难的，什么样的会谈方式能产生更大的影响，用不同的观点重新看待你们经历的整个团体历程等。通过以上讨论，领导者可以根据成员的感受及反馈的信息，来评估成员个体目标的完成情况。在团体活动结束后，领导者需要对本次团体心理辅导进行总结，对团体目标的完成情况进行评估。另外，领导者还需要对自己在本次团体心理辅导过程中的表现进行评估，为以后的团体工作提供参考。

第四章 团体心理辅导的实践操作

第一节 团体心理辅导的操作过程

一、团体心理辅导的发展阶段划分

团体心理辅导是一个复杂、动态的运作过程。团体从形成到结束往往要经历几个变化阶段，这些阶段贯穿团体心理辅导全过程，每一阶段都是前一阶段的延伸，同时又是后一阶段发展的基础，了解团体发展的阶段，对于团体指导者和团体成员均具有重要的意义。但是，团体心理辅导到底经过几个发展阶段，每一个发展阶段又有哪些特点呢？许多学者都曾做过系统的分析，提出过自己的见解。由于学者们在研究团体发展过程时，可能注重在某一层面的现象描述和特征说明，导致对团体发展有不同的观点，从而产生不同的理论。

罗杰斯根据自己多年带领团体的经验，总结出团体发展的十四个阶段，分别为：自由活动、抗拒作为个人的表达和探索、叙述以往的经验、表现消极的情感、表达和探索与个人有关的资料、表达与其他成员相处的即时感受、团体发展出治疗的能力、达到自我接纳并开始改变、打破伪装、提供与接受反馈、面质、将帮助延伸到团体之外、发展出基本的真实关系、在团体内做出行为改变。

英国心理学家欧内斯特·琼斯（Jones Ernest）和科罗尼（Kolodny，1965）提出团体发展历程包括五个阶段：①组合前期，这一阶段的特点是接近与逃避。虽然此时成员开始相互接触、相互认识，但心理上还保持着一定的距离，带有自我保护的心理倾向；②权利与控制期，此阶段成员开始角逐在团体内的地位，有时还会与团体指导者产生权利上的矛盾，有些成员会因为不能取得权利而要求退出团体，也会因为不想受团体规范的控制而变化；③亲密期，此阶段团体成员仍然处于服从与不服从规范的矛盾之中，但是彼此已经开始相互了解，建立亲密关系，并且积极寻找团体的目的；④分辨期，由于团体已经达到整合，成员之间可以自由发表意见，成员之间的沟通已经达到最佳融洽点，不再产生权利争斗；⑤分离期，团体活动的目标已经基本实现，当指导者提出团体结束时，可能会遭到部分成员的拒绝。此阶段成员开始回味团体的历程，需要指导者组织一次评估与总结，使成员做好结束的心理准备。

匈牙利病例心理学家玛格丽·马勒（Margaret S. Mahler，1969）将团体发展分为五个阶段，分别是形成阶段、接纳阶段、过渡阶段、工作阶段和结束阶段；美国心理学家柯里（Cori，1982）提出了四阶段发展理论，即初期阶段、转换阶段、工作阶段和结束阶段；美国心理学家吉拉尔德·科瑞（Gerald Corey，1990）将团体历程分为五个阶段，团体前的准备阶段、团体初期的定向与探索阶段、团体的转换阶段、团体的巩固与终结阶段、团体后的追踪观察和评估阶段；我国社会心理学学者樊富珉（1996）提出，任何形式的团体心理辅导都会经历团体的创始阶段、过渡阶段、成熟阶段和结束阶段。

二、团体心理辅导的过程

（一）团体心理辅导前的准备阶段

1. 确定团体心理辅导的目标

团体心理辅导常常因为团体目标、发展阶段、参加对象以及规模的不同而采取不同的方法和活动形式。从组织和实施的角度看，所有的团体心理辅导必须首先确定团体的目标，而后才能制订团体活动的计划，确定规模，组成团体。

2. 明确团体的性质

团体心理辅导的类型有许多，首先要根据团体成员的特点来确定此次团体心理辅导的性质——是成长性的团体还是治疗性的团体，是正式的团体还是非正式的团体，同时还要从整个团体的规划上来明确是采用结构式的团体还是采用非结构式的团体，如果采用结构式的团体，指导者就需要对每一次活动做好允分的计划和准备。

3. 确定团体的规模

团体规模过小或过大，都会影响团体心理辅导的效果。团体人数太少，成员会有压力，容易出现紧张、乏味、不舒畅的感觉；团体人数太多，团体指导者就很难关注到每一个成员，这样会使成员参与的机会受限制，同时也会妨碍成员之间进行分享与交流，从而影响到辅导的效果。一般来讲，我们需要根据团体心理辅导的目标及团体的性质来确定参加辅导的人数，少则三五人，多则十几人，甚至几十人。一般情况下，成长与教育性的团体相对于治疗性的团体而言可容纳的人数要多，一个儿童团体可容纳的成员人数较成人团体少。

4.确定团体活动的时间安排

个体随其成熟程度的不同，注意力集中的时间长短也不同。通常情况下，六七岁的儿童，每次活动的时间长度以 20 ～ 30 分钟为宜；小学中高年级团体，每次活动时间则可以延长到 40 ～ 50 分钟；成人团体的活动时间可以更长。团体的活动次数根据团体性质不同、成员的困扰程度和介入策略不同，可以考虑在 6 ～ 12 次之间，每周活动 1 ～ 2 次。团体活动次数太少，每次活动间隔太长，或是活动时间安排不当，都会影响团体的活动效果。

5.选定团体活动的场所

对团体活动场所的基本要求有：避免团体成员分心；让团体成员有安全感；有足够的空间可以活动身体；环境舒适、温馨、优雅，使成员情绪稳定、放松。由于不同年龄段的群体适合采取不同的团体形式，所需要的团体环境也有所不同。低年龄层的儿童团体人数较少，空间不宜太大，且必须放置玩具；中高年龄层的儿童团体能用语言进行沟通，适当的书面资料及海报等教具的应用可以提高活动的吸引力。

6.制订团体咨询的计划

确定每次团体活动的目标，活动的内容及形式，所需时间、道具及材料等，并制订计划书。活动设计宜浅显易懂，活泼有趣，能吸引个体参与。一般而言，较结构式的团体计划内容应包括以下九个项目：团体名称；团体指导者，拟招收成员的性质、人数及筛选方式；团体活动时间安排；团体的理念与依据；团体目标；团体评估方法；团体过程表，即各次活动的单元名称、单元目标、预定进行的活动名称；团体单元计划；其他，包括团体宣传、预算、参与团体契约书、团体评估工具、其他相关资料，如活动中用到的图、表、文章等资料。

7.甄选成员组成团体

团体指导者在筹划团体心理辅导时，应该根据团体的目标明确服务对象。儿童团体成员的可能来源包括：儿童、家长或教师看到团体广告后主动前来报名；辅导人员从现在或过去所接触的相关案例中挑选成员；教师依据团体设计者所列出的行为筛选单，从其所任教班级中推荐符合条件者。报名和推荐参加者并非都适合团体，筛选成员可采用多重评估方式进行，如行为观察、个别面谈等。儿童有参与的愿望，还须征得教师与家长的同意。

（二）团体心理辅导开始阶段的目标与技术

1.团体心理辅导开始阶段的目标

任何一个团体心理辅导都会经历启动、过渡、成熟、结束的发展过程。在整个团体过程中，每个阶段都是连续的、相互影响的。团体心理咨询开始阶段的目标是使成员尽快相识，建立信任；订立团体契约，建立与强化团体规范，重申保密的重要性；鼓励成员投入团体活动，积极互动；处理焦虑、防卫、抗拒等情绪；及时讨论和处理团体中出现的问题。

2. 团体心理辅导开始阶段的话题

团体开始时，互不相识的个体一方面很想认识其他成员，同时会有点恐惧感、焦虑感，不知道团体可以做什么。指导者在自我介绍后可以提出一些建设性的话题，如"大家认识彼此吗？让我们各自找一个同伴，询问他的姓名以及他最想做什么样的人，然后把他介绍给大家认识。""以后每周这个时间我们都会一起活动，互相帮助来处理我们共同关心的事情和困难。在这个团体中，我们可以自由畅谈我们所关心的任何事情。"

3. 团体心理辅导开始阶段的技术

（1）环境创设

"良好的开始是成功的一半。"儿童团体指导者对于第一次团体活动不能掉以轻心，必须精心规划，以使后续的团体活动得以顺利开展。开始时，指导者可以将团体活动室布置得活泼、生动些，安排一些自然、简单、容易吸引小朋友的活动，以亲切、愉悦的态度欢迎成员的到来。例如，讲故事、看画报、角色扮演等，都是引发儿童开始讨论的好方法。

（2）制作胸卡

为了协助成员互相认识，指导者可以事先将胸卡制作好，儿童一到团体中就戴上，以方便相互认识，胸卡内容可以标示姓名，并附上可爱的图案，为了增加归属感，胸卡的图案可以让小朋友自己选择并涂上色彩。如果团体人数较少，则不一定要戴胸卡，但一定要进行相互认识的活动，并安排一些简单有趣的人际活动，以协助小朋友相互认识、相互熟悉。

（3）热身活动

在团体开始之初，为克服陌生感，帮助成员之间相互了解，拉近彼此的距离，可以开展一些热身活动，激发个人参与团体活动的热情。例如，座位可以采取圆形排列方式，以产生团体动力，使每一位成员都能面对面，平等交流；可以从唱唱跳跳等游戏开始，也可以从非语言的身体运动开始，如"微笑握手""无家可归""推气球""寻找我的伙伴"等，让成员在游戏中体会团体的作用，在活动中放下紧张、焦虑和不安的情绪，不知不觉地融入团体。

（4）建立团体规则

为保证团体活动的顺利进行，需要团体成员共同遵守一些规则。开始阶段，可以要求成员自己讨论团体契约，便于自觉遵守和互相提醒；也可以由指导者提出，得到成员的附议，如准时参加、集中注意力、坦诚相待、保守秘密、全身心投入等。例如，儿童团体的基本规则如下：

①保守秘密。

②不可攻击他人。

③不在团体心理辅导时间吃零食。

④当别人发言时要注意听，不随便插话和打断别人的发言。

⑤准时出席，中途离开团体必须告知。

（5）团体初期的活动

团体初期的非语言活动包括：轻松体操、微笑握手、拍打穴位、信任之旅等。相识活动包括：两人组自我介绍、四人组相互介绍、六人组关注练习、八人组连环介绍、句子完成法、组歌等。增进团体信任的活动包括：信任跌倒、同舟共济等。

（三）团体心理辅导中间阶段的目标与技术

1. 团体心理辅导中间阶段的目标

团体心理辅导中间阶段的目标是：增强团体凝聚力；激发成员思考；促进团体成员互动；引发团体成员讨论；通过团体合作，寻找解决对策；鼓励成员从团体中学习并获得最大收益；评估成员对团体的兴趣与投入的程度。

2. 团体心理辅导中间阶段的特征

团体心理辅导中间阶段是团体心理辅导的关键阶段。尽管各类团体心理辅导依据的理论不同、目标不同、活动方式不同、实施方法各异，但成员间相互影响的过程是相同的，即成员彼此谈论自己或别人的心理问题和成长体验，争取别人的理解、支持、指导；利用团体内的人际互动反应，发现自己的弱点、缺点及存在的不足，努力加以纠正；把团体作为实验场所，练习改善自己的心理与行为，以期扩展到现实社会生活中。

3. 团体心理辅导中间阶段的技术

（1）与个别咨询相似的团体咨询技术

倾听、同感、复述、反映、澄清、支持、解释、询问、面质、自我表露等，这些技术会在本章第三节中作详细的阐述。

（2）促进团体互动的技术

阻止、联结、运用眼神、聚焦、引话、切话、观察等。

（3）不同目的所用的各种活动

促进团体凝聚力的活动，如图画完成、故事完成等；催化自我探索的活动，如我是谁、生命线、自画像等；深入价值观探索的活动，如火光熊熊、生存选择等；加强互动沟通的活动，如脑力激荡、镜中人等。

（四）团体心理辅导结束阶段的目标与技术

1. 团体心理辅导结束阶段的目标

团体心理辅导结束阶段的目标是：回顾与总结团体经验；评价成员的成长与变化，提出希望；协助成员对团体经历作出个人的评估；鼓励成员表达对团体结束的个人感受；让全体成员共同商议如何面对及处理已建立的关系；对团体咨询与治疗的效果作出评估；检查团体中未解决的问题；帮助成员把团体中的转变应用到生活中；规划团体结束后的追踪调查。

2. 指导者要处理的问题

（1）提前宣告团体活动即将结束

在团体最后两个或三个活动时，预告团体结束的时间。团体活动次数愈多、持续时间愈长，团体成员凝聚力愈高，指导者应提前宣告团体活动即将结束，使儿童可以有充分的时间做好心理准备，指导者也有足够的时间在必要时妥善处理成员的失落情绪。

（2）带领成员回顾团体历程

指导者可通过回顾团体活动，回忆团体中的重要事件等方式，带领成员回顾团体活动的经验，并加以统整。

（3）协助成员做好面对未来生活的准备

指导者可以引导成员制订团体结束后个人想努力达到的具体行为目标，相互约定，彼此勉励，使团体活动的成效得以维持并扩展。

（4）进行团体成效评估

可以通过成员填答问卷、分享自己在团体中的体验和成就、展示团体中的作品或作业练习的成果、成员彼此勉励等方式，协助成员整理自己的团体经验。

（5）互相道别与祝福

让成员有机会相互道谢与话别，互赠卡片，表达期望与祝福，使团体活动在温馨、积极、圆满的气氛中顺利完整地结束。成员会珍惜这段团体经历，在丰富、完整、愉悦而非感伤、痛苦、不情愿的气氛中相互告别。成功的告别，对于有分离焦虑的儿童来说是一项重要的学习课题，圆满的结束，将有助于儿童勇敢地迎接没有团体成员和指导者扶持的生活。

3.团体心理辅导结束的技术

常用的团体心理辅导的结束技术有：结束预告、整理所得、角色扮演、修改行动计划、处理分离情绪、给予与接受反馈、追踪活动、效能评估。结束活动的方式可分为三种：回顾与总结；祝福与道别；计划与展望。常用的结束形式有以下六种：

（1）轮流发言

使每个成员都有机会发表意见，与大家分享自己的心得。

（2）结对交谈

两人一组有助于成员的充分交流，轻松表达，鼓舞士气。

（3）成员总结

由一个或多个成员进行总结，回顾团体过程，其他成员补充。

（4）领导总结

团体指导者进行总结，若有遗漏，成员可以补充。

（5）作业分享

请成员将自己的感受、对其他成员的期望等写下来，然后彼此分享。

（6）游戏活动

可以采用化装舞会、围圈唱歌、拥抱握手、联谊会、大团圆等形式。

第二节　团体心理辅导效果的影响因素

团体心理辅导是否能够取得成功以及能够达到怎样的效果受到多方面因素的影响，相比个体咨询而言，它是一种一对多的辅导形式，各种影响因素交织在一起，复杂程度和困难程度都要远高于个体咨询，可控性也相对较差。下面将列举从不同角度看团体心理辅导效果的影响因素。

一、从团体发展过程看影响因素

我国台湾地区心理咨询专家陈若璋认为，整个团体心理辅导过程中的影响因素可以归纳为以下三类：

（一）前置因素

1.团体心理辅导前的准备

团体前的准备包含了成员甄选的方式与标准、团体开始前的教育准备工作以及团体成员的组合等。英国心理学家贝德纳（Bednar）与巴特斯比（Battersby，1976）对团体心理辅导之前的预备教育形式进行了研究，发现以行为指导为主的团体比说服解释为主的团体在团体辅导中更能激发团体成员的积极性和凝聚力，团体辅导的效果也更突出。

2. 团体成员因素

团体成员因素包括成员的性别、年龄、受教育状况、社会经济地位、参加动机、性格特质等。研究发现，社会赞许性会影响团体成员在团体中的自我暴露程度，社会赞许性偏中间者会在团体中表现出最多的自我暴露，有利于成员之间形成信任关系。

3. 团体指导者因素

团体指导者因素即指导者的性别、年龄、受教育状况、社会经济地位、参加动机、人格特质、领导行为及处理技巧等。有研究发现，"提供者""社会工程师""提供精力者"这三种类型的指导者对团体辅导有显著的帮助，而"自由放任者""管理者""一般性者"类型的指导者所带领的团体则效果不佳。

4. 团体处理因素

团体处理因素包括团体的性质、所遵循的辅导理论及辅导的焦点、团体结构等。研究发现，低结构性的团体尽管在活动初期成员之间的互动较少，但随着团体活动次数的递增，团体会逐渐具有高层次的团体功能。

（二）中介因素

1. 团体心理辅导过程因素

团体心理辅导过程因素包括团体成员的角色地位、语言、非语言行为、自我表露、反馈等团体内沟通形式。研究指出，具有较高自我表露的成员通常会具有较高的自我概念和较多的成员吸引力，这种自我表露行为能够促进成员间自我表露的次数和深度，但不一定能影响到成员之间的亲密度。

2. 团体心理辅导发展阶段因素

团体心理辅导发展阶段因素包括活动主题的改变、团体成员行为的改变以及指导者行为的改变等。

（三）后效因素

后效因素是指团体的心理辅导效果，包括成员行为改变效果评估等。

由此可见，团体辅导的过程是相当复杂的，它会受到多方面因素的制约。

二、从团体动力系统的变量看影响因素

美国临床心理学家阿尔伯特·艾利斯（Albert Ellis）和费希尔（C. D.Fisher，1994）

认为影响团体动力的变量包括三个方面，分别是输入因素、输出因素和过程因素，且这三个方面的影响因素彼此之间也存在相互作用。首先，输入因素是指那些能帮助建构团体的因素、条件等，一般包括两部分：个人方面即成员及指导者的人格特质、使用技巧、处事态度、拥有的信息等；团体方面即团体拥有的有形资源和无形资源、团体的规模和团体的目标等。其次，过程因素是指团体动力过程中对团体产生影响的那些实际的活动，如沟通方式、团体凝聚力、工作与参与规范、团体决定程序等。再次，输出结果指团体运作的产物和达到的成果，包括书面报告、备忘录、不同类型的文件、满意度、个人生活上新技巧的获得等。

三、从沟通的障碍看影响因素

团体辅导的过程从一定程度上来讲是团体成员之间互动的过程，也就是一个沟通的过程，因此，从这个角度看，团体辅导的效果取决于团体内成员之间的沟通状况。毋庸置疑，良好的沟通有助于营造团体成员之间合作、接纳的气氛，不良的沟通常常会产生诸多误会和冲突，进而影响团体目标的实现。贝德纳（1986）从以下四个角度对影响沟通的因素进行了阐述：

第一，个体的内在因素，其中包含了个体的知觉选择性以及沟通技巧上的个别差异，即每个人在进行知觉选择的时候都有一定的偏好，而且每个人在进行沟通时所采取的方式也会有所不同。

第二，人际因素，包括团体的气氛、成员之间是否相互信任、沟通过程中的信息是否确实可靠、信息的发出与接受者在某些方面是否相似等。

第三，团体结构的因素，这一点与团体特征方面所提到的团体结构不同，它包括每位成员在团体中所处的地位、团体中信息的传递是否连续、信息传递是否准确、信息传递中个人的期望以及团体的规模和场地等。

第四，技术上的因素，这方面主要是指信息传递的方式是言语传递还是非言语传递以及信息传递的媒介和信息量是否超负荷等都会带来沟通上的障碍，从而影响团体心理辅导的效果。

四、从团体特征看影响因素

一个团体特征的决定因素可归纳为团体指导者、团体成员以及团体结构等三方面的特征，这些特征影响着团体心理辅导的效果。首先，一个团体能否成功，取决于它是否拥有一个合格的指导者，指导者的人格特质、对成员的态度、领导技术、团体工作的专业技能、经验和准备以及对活动目的的澄清等方面都对团体心理辅导的效果起着重要的作用。其次，从团体成员角度来讲，团体成员的年龄、智力水平、人格特质、求助动机、成员之间的合作水平、承诺水平、信任水平等也会对团体心理辅导的效果产生重要影响。一般而言，求助动机越强、成员之间的信任程度就越高，团体辅导的效果就越好。最后，从团体特征角度来看，影响团体心理辅导效果的还包括团体的结构特征，其中就包含了团体心理辅导的目的与成员的相关度、团体规模的大小、内容的性质、会面时间的长短及频率等。

第三节　团体心理辅导的常用技术

一、心理辅导教师的角色

一般而言，团体心理辅导是指在一种新型的建设性人际关系中，心理辅导教师运用其专业知识和技能，给个体以合乎其需要的协助和服务，从而帮助个体正确了解自己、认识环境，根据自身条件确立有益于个人发展和社会进步的生活目标，帮助其能克服成长中的障碍。最终促使个体在学习、工作及人际关系等各个方面，调整自己的行为，增强社会适应能力，作出明智的选择，充分发挥自己的潜能。

团体心理辅导中的心理辅导教师应处理好三对角色关系：心理辅导教师必须扮演专家的角色，同时还要扮演成员的角色；心理辅导教师必须既是"局外人"，又是"局内人"；心理辅导教师既是团体的中心人物，又要做到以个体为中心。心理辅导教师这些矛盾的角色，是由其特定的身份和在团体中的特殊作用决定的，正是由于心理辅导教师所扮演的这些矛盾的、多重的角色，使个体在团体中可以获得在其他环境中不易获得的理解和支持。但是，心理辅导教师角色的这种多样性与矛盾性，使他们处在非常复杂的人际、心理环境中，要把握好，并非易事。因此，团体心理辅导比个体咨询中对心理辅导教师的要求更高。

根据团体心理辅导过程中心理辅导教师所发挥的作用，其扮演的角色主要有以下几种：

（一）指导者的角色

指心理辅导教师必须利用自己的知识和技巧使个体发挥自己的能力，实现其个人目标。心理辅导教师的领导职能包括活动前的动员，活动中的启发、鼓励、引导，活动结束时的总结和事后的效果追踪、反馈等。

（二）调解员的角色

在团体心理辅导过程中，心理辅导教师要做一个调解人，协调个体在心理辅导过程中出现的矛盾，如个体在沟通过程中产生矛盾所引发的冲突，个别个体不遵守团体规范等。

（三）教育家的角色

团体心理辅导中的心理辅导教师具有教育的职能，包括讲授新概念、理论与方法，提供新信息，以身作则，为个体作示范。

（四）好朋友的角色

团体心理辅导的魅力之一就是个体之间的互动，这种互动既体现了个体独特的个性，也为个体之间建立了一种特定意义的依赖，这种依赖的产生离不开心理辅导教师在团体中的表现。心理辅导教师的耐心倾听、仔细观察、真情反馈、倾情投入以及适度的自我袒露，为个体建立了安全的环境，有利于个体之间建立信任感，使得个体可以在自我防卫较低的水平上进行真实的表现，较深入地进行自我探索。

二、心理辅导教师必备的素质

（一）良好的心理素质

在团体心理辅导过程中，教师经常会面对许多难以预见的问题，如个体对心理辅导教师的攻击和敌视，团体中出现对立的次团体，个体的行为严重违反社会伦理道德标准和法律规范（如吸毒、流氓行为、暴力行为等），个体的个人悲惨经历引起心理辅导教师的痛苦回忆等。这些问题的出现使心理辅导教师面临能力、情感的自控程度、价值观、个人修养等严重挑战，心理辅导教师必须有开放、敏感、负责、坦诚等心理素质。

一个优秀的团体心理辅导教师需要具备的特质与团体指导者的特质类似。林孟平总结出成功团体指导者需要具备的 11 个特质是：

1. 认识自己、接纳自己、拥有自爱和自信。

2. 敏锐的自觉。

3. 具有自我的肯定。

4. 投入并参与。

5. 个人的协调与表里一致。

6. 愿意做示范。

7. 愿意接纳和面对个人的需要。

8. 清楚了解个人的价值观。

9. 信任小组过程的成功。

10. 保重自己，不断更新，不断成长。

11. 个人力量与勇敢。

一些国外的团体咨询专家认为，富有成效的团体指导者需要具备的特质包括：关心、坦白、灵活、温和、客观、值得信赖、诚实、强壮、耐心和敏感；接纳自己，与他人和睦相处，喜欢他人；在权威的位置上让成员感到舒适，对自己的领导能力有信心；对他人的情感、反应、情绪、言语产生同感的能力和良好的心理健康水平。

（二）对个体的态度：尊重、同感与真诚

罗杰斯在"以来访者中心"为原则的咨询过程中，指出心理咨询师应必备的态度是：对来访者无条件地积极关注、尊重、真诚，这也是团体心理辅导教师必备的态度，如果团体心理辅导教师能体现出这三种基本态度，就能不断建立一个对团体成员接纳和信任的环境，致使团体成员可以不必自卫及隐藏自己。他曾清楚地指出，团体指导者在团体中最基本的任务是建立良好的氛围。

尊重体现在团体指导者对成员的态度是亲切的、关心的、平等的。只有在这样的前提下，组长才能与成员建立平等、和谐、融洽的人际关系；才能引导成员之间建立安全、亲切、信任的咨询关系，让成员体会到温暖，让成员在团体中感到愉快、幸福。需要注意的是，无条件地积极关注、接纳和尊重并不是团体指导者不能拥有自己的价值观。

同感是对来访者的内心世界有准确的了解，要感受来访者的内心世界，如同感受自己一样。同感是团体指导者要站在成员的立场上去理解他的感受，倾听他的声音，理解他的思想，并能表达自己与成员相同的喜怒哀乐，有时甚至要比成员的体验更为深刻。只有这样，才能使成员产生信赖，才能使成员逐步消除心理防卫，最终敞开心扉，融入团体之中。实践证明，团体指导者"同感"程度的深浅，是影响成员能否达到融入的重要因素。

真诚是指咨询员清楚知道自己的价值观和信念，所以在咨询过程中是心口一致、言行一致的，咨询的取向不会与自己的价值和信念相违背。真诚表现的行为是非防卫性的、自发一致的行为，不局限于角色，能够与成员分享自我。作为指导咨询的团体指导者，他是一个人，一个有自己独特个性和价值观的人，尽管要避免将他们的价值观强加给团体成员，但是当隐瞒这些会使成员出问题时，指导者表明自己的决定、需要和价值观是恰当的。

同感、尊重、真诚是团体指导者对成员的根本态度，是一种对"人性"的价值观，

也是一个团体指导者必备的个人修养和职业修养。

三、团体心理辅导的常用技术

指导者为了达成团体心理辅导的目标，发展团体动力，促进成员互助，提升学习效率，适时地采取某些方法、态度、策略或手段，都可以视为是"技巧"的运用，或称为"技术"。

在团体心理辅导活动进行的过程中，心理健康辅导教师起着非常重要的作用，他们不仅需要保证活动的顺利进行，还需要随时关注每个个体的情况，应对可能出现的突发事件。在开展团体心理辅导活动时，心理健康辅导教师需要掌握一定的技巧来保证活动的顺利进行。

有学者将团体领导技巧分为三类，即反应技巧（积极倾听、同理心、澄清、摘要）、交互作用技巧（支持、解说、联结、折中、阻止、设限、保护、归纳）和行动技巧（发问、探测、自我表露、示范、面质、建议）。

我国台湾地区心理学者、心理咨询督导师徐西森认为，团体指导者需要掌握的团体领导技术可以划分为：团体初层次的领导技术和团体高层次的领导技术。其中团体初层次的领导技术可以归纳为以下 12 个方面：同理心技巧；积极倾听技巧；澄清技巧；支持技巧；解释技巧；摘要技巧；反映技巧；发问技巧；开启技巧；反馈技巧；非言语技巧；催化技巧。团体高层次的领导技术可以归纳为以下 15 个方面：再陈述技巧；保护技巧；目标设定技巧；建议技巧；面质技巧；立即性技巧；沉默技巧；自我表露技巧；阻止技巧；折中技巧；联结技巧；评估技巧；设限技巧；调率技巧；整合技巧。

在学校开展团体心理辅导活动时，心理辅导教师常用的技巧主要包括以下几种：

1. 同理心技巧

指导者站在成员的立场去体会说话成员的感觉、需求、经验和想法等，不加入任何主观的见解，可用假设性口吻响应，避免"鹦鹉学舌"的重述，从而获得共鸣性的了解并回应成员，以建立信任的、关怀的团体互动关系。

2. 积极倾听技巧

通过指导者生理、心理的专注与倾听，不涉及评价、判断，注意成员的一切反应，从而掌握成员表达的口语与非口语行为，如眼神、表情、动作等的真正意图。从而营造相互信任的氛围，充分尊重并让成员有宣泄情绪的机会，鼓励自我开放，自我探索。

3. 支持技巧

当成员表达意见、团体动力出现正向或负向发展时，指导者应适时给予支持，特别是成员分享个人内在深层次感受与痛苦经验时。指导者的支持不是形式化的外交辞令，而是辅以非口语专注行为及人性化的尊重，从而激励成员，增强成员的自信，营造和谐的团体氛围，凝聚成员的向心力，并产生学习迁移和人际示范的作用。

4. 摘要技巧

指导者将成员的反应或活动的内容，提纲挈领地整理并反映到团体中，使成员能获得进步，避免团体心理辅导过程陷入零碎、分散的局面，有利于引导团体方向。

5. 发问技巧

指导者使用开放式语句有意探询成员的感受、经验与行为，以引导成员对自己行为的内涵与成因进行自我探索。

6. 开启技巧

团体进行之初或团体动力停滞时，领导者及时以口语、非口语行为及活动等形式带领团体成员进入互动交流的情境中，从而提高成员的参与感，提高团体过程的效率。

7. 反馈技巧

指导者通过对成员行为的观察和了解，应适时地表达具体与必要的反应，也要避免过度介入或中断成员的分享。其目的是增加来访者的自我觉察，协助所有成员的自我开放，展现"社会－我"的互动动力。

8. 非言语技巧

指导者运用眼神、表情、距离、动作及姿态等非言语行为显示对成员的暗示和关怀，加强成员的示范性学习和自我开放。但运用时要慎重，不宜滥用、误用，必须考虑性别、场合、适用时机，避免专注少数人，使形成团体的派系或成员产生特殊心态。

9. 保护技巧

指导者有责任营造安全的团体气氛，随时觉察团体中的各项危机，采取必要的安全性反应，使成员免于不必要的身心伤害、批评或攻击；当然，保护也不应过度，以免影响团体互动和减少来访者独立性成长的契机。

10. 自我表露技巧

指导者选择适当的时机进行自我表露，建设性地让成员分享个人类似的经验、感受与看法。自我表露的内容应与成员或讨论的主题有关，避免文不对题、反客为主，甚至情绪失控而挫伤团体动力。

11. 整合技巧

每次团体结束前、团体讨论告一段落或整个团体结束前，指导者应协助成员整理学习心得。整合时要兼顾意见整合与情感融合，同时结合团体内情境与团体外环境的学习迁移，并给予成员信心，创造出一种自信的氛围，以协助成员成长、适应和发展。

上述技巧本质上并非完全分离独立，有时还有重叠之处，难以区分。对于团体领导技巧的学习与运用，心理辅导教师应重点思考以下问题：这些技巧对团体活动发展的影响如何？对个体成长的影响如何？领导的目是什么？技巧呈现的意义如何？技巧的适用时机是什么时候？等问题，由于每个教师人格特质的独特性，对于各种技巧的运用也不尽相同，技巧的使用应有一定的弹性。心理辅导教师在使用技巧时，应多思考技巧本身的意义，才能确保个体的利益符合专业伦理的要求。

第四节　团体心理辅导的开展形式

心理健康教育与学科课程的差异是，心理健康教育是一种"体验—了解"的课程，学科课程学的是具有科学性的社会经验和自然经验，是一种"了解—体验（应用）"的课程。学校开展团体心理辅导课程的目的是促进个体的健康成长，每一项团体心理辅导活动都有它想要达成的目标，都希望可以通过活动让个体实现心灵的成长，但常用的教育方式常常无法激起个体的兴趣。个体的参与热情不高，他们就很难投入，从而无法达到心灵成长的目标。同时，由于个体的心理辅导不仅仅关注个体知识的学习，还需要有培养个体其他方面的技巧，传统单一的讲授形式不能满足个体心理健康教育的需要。

团体咨询的领域中常使用许多活动形式，这些活动的主要类型可以分为：游戏（包括运动、行动、纸笔、纸牌、棋盘和社会技巧等）、手工艺、绘画、心理剧、模拟教室的活动、摄影和旅游等。综合团体咨询相关理论和心理辅导教师的实践经验，在学校开展团体心理辅导活动常用的方式有心理游戏心理剧两类。

一、心理游戏

（一）心理游戏的定义

游戏是成员普遍喜欢的活动，有益的游戏能给他们以快乐并从中受到教育。游戏能尊重参与者人格的尊严，能促进参与者真情的流露，能满足参与者施展自我的需要，它具有欢乐性、自主性、创造性、契约性和互动性等特征。游戏法可以应用在心理健康教育的很多内容中。例如，协助交往的游戏、增强团队凝聚力的游戏、促进学习效果的游戏、增强耐挫力的游戏、增强自我意识的游戏等。

心理游戏，指依据人心理发生、发展的规律，设定一系列游戏并进行筛选、分类、归纳、创新，使之系统化、逻辑化、形象化，达到改进不良心理状态，塑造健全人格，使人健康发展的一系列游戏。心理游戏由于其具有趣味性强、灵活性高、个性化突出、形象化逼真等特征，弥补了团体心理咨询的不足，发挥"画龙点睛"的作用。

（二）心理游戏的类型

心理游戏会促使某些行为出现的机会增多，如轮流、给予回馈、遵守规则、学习如何失败和如何获胜。大部分心理游戏是有规则的，用规则来控制比用团体指导者来控制更好。游戏形式的运用对顽劣的成员特别有用，虽然他们很少在开始参加团体时就很有兴趣，但他们普遍希望能参与到团体游戏中。美国心理学家卡特里奇（Cartledge）和米尔本（Milburn）认为，游戏是为儿童提供学习和参与活动结果的机会，而不是挫折他们。在游戏中，犯错和疏忽的暴露是可以被接受和宽容的，游戏激起的笑声和玩笑能够降低焦虑情境的产生。

在选择游戏活动时，透过游戏种类和数量的定义，成员更容易制订计划和作决定。团体游戏可以分为以下六类：

第一类，竞赛游戏。这类游戏类似于体育运动，如篮球和足球等。在游戏过程中，既有个体之间的合作，也有对抗的存在。这类游戏往往需要使用一定的道具。

第二类，团体行动的游戏，如躲避球、大风吹等。这类游戏所需的空间较小，规则较少，几乎不需要特别的设备。

第三类，纸笔游戏，如填井字等。这类游戏都可以在一张纸和一支笔的范围内进行，身体几乎不用活动。

第四类，牌类游戏。这类游戏和纸笔游戏一样，只是纸牌替代了纸和笔。牌类游戏和纸笔游戏都可以扩充规则的层次，在团体心理辅导过程中，可以将低层次能力和高概率酬赏的游戏相互配合，能够在短期内提高团体心理辅导的效果。

第五类，合作游戏。这类游戏的酬赏不是来自让某人付出失败的代价。虽然多数游戏在本质上是需要竞争的，若规则改变了，则会变成合作性游戏。

第六类，棋盘游戏。这类游戏类似于中国象棋，需要一块板子和其他一些物品。从某方面来说，这类游戏很像纸笔和牌类游戏，但它们无法在预定的时间结束，这类游戏开展的前提是成员对此感兴趣，有时还需社会创造性活动来整合社会技巧训练。

（三）心理游戏的实施过程

心理游戏的实施一般可分为选择游戏、学习规则、观察行为、分享讨论四个步骤。心理游戏对个体的发展具有身体、智慧、交往、道德、治疗等方面的价值。

第一步，心理辅导教师应选择合适的心理游戏。团体指导者应结合心理辅导的目标、个体的年龄阶段和个体人数等条件选择合适的心理游戏。心理辅导教师可以在已有心理游戏的基础上进行一定的调整。

第二步，心理辅导教师应该熟悉心理游戏的规则。心理辅导教师不仅应在心中默记游戏的规则，还需要在心中操作一遍心理游戏，对游戏中可能出现的问题和意外有提前的准备。对于一些存在危险性的游戏，心理辅导教师一定要做好安全措施。

第三步，心理辅导教师应注意观察个体在心理游戏中的行为表现。心理辅导教师在成员进行心理游戏的过程中，应关注个体的行为表现。对于个体在游戏中表现出来的良好的合作品质、良好的策略等闪光点，教师可以在最后分享讨论的过程中予以积极的反馈。

第四步，也就是心理游戏实施的最后一步，即分享与讨论。在这个过程中，心理辅导教师可以引导个体讨论在游戏过程中的收获和感悟。借此机会，心理辅导教师可以将在心理游戏过程中的观察反馈给个体，在肯定和鼓励个体的过程中，将心理游戏中包含的心理健康教育的内容传授给个体，让个体得到更深刻的体会和收获。

（四）心理游戏的作用

教育学家克鲁普斯卡说："对孩子来说，游戏是学习，游戏是劳动，游戏更是重要的教育形式。"心理游戏是一种适合在团体辅导中使用的活动方式。具体有以下几点突出作用：

一是心理游戏打破单一交谈咨询的模式，利用游戏的趣味性特征吸引咨询者，使咨询者破除戒备心理和隐瞒心理，起到先入为主的作用。

二是心理游戏调动全身器官参与活动，使咨询者寻找情感发泄点，释放不良的心理情绪，缓解咨询者的心理压力。

三是心理游戏创造愉悦的环境，调节双方对立、紧张的局面。

四是心理游戏使主客双方均以平等的身份参与活动，拉近了双方的距离，加深了了解，加快了沟通，便于建立一种相互信任的友谊关系。

五是心理游戏使问题显现出来，并使问题向更宽、更广、更深的领域发展，起到由外及内、由表及里的作用。

六是心理游戏利用游戏"有形化无形"的优势，便于被咨询者灵活选择、灵活处理，设定一个相对恰当的解决方案，为咨询者排除一定的心理障碍。

（五）沙盘在心理游戏中的应用

1. 沙盘游戏的来源

沙盘游戏心理治疗法始于20世纪20年代的英国，作为一种心理治疗技术，它的基本要素有沙、沙盘和人与物的微缩模型——沙具。

玛格丽特·洛温菲尔德（Margaret Lowenfeld）首创将沙盘作为心理治疗的工具，

并提出了相应的理论,她的工作是开创性的。洛温菲尔德将她的沙盘游戏治疗命名为"世界技术",其主要工具是一个金属盘(装一半的沙)、盛水的器皿、玩沙的工具(如铲子、筛网、漏斗等)、装有大量微缩模型的柜子。

洛温菲尔德的治疗技术被许多不同理论背景的治疗师所采用。他们从不同的角度对"世界技术"做了修改和发展。多拉·卡尔夫是其中最重要的一位,她将荣格的分析心理学理论引入沙盘游戏治疗中,加入了事物象征性、事物原型的观点,将沙盘游戏治疗引向了另一个临床维度,并将其命名为"沙盘游戏"。

目前,无论是理论构建还是相关的治疗技术、专业治疗师的培训,美国和日本在沙盘游戏疗法方面的发展都是有引领作用的。

尽管中国在这方面的起步较晚,20世纪90年代才引入沙盘游戏疗法,但已有一批学者开始研究这一领域。

2. 沙盘游戏的治疗原则

沙盘游戏本来是作为一种游戏疗法发展起来的,它具有非语言结构。每一个人的心灵都有自我治愈创伤的能力,但这一能力因为个别原因有时难以发挥应有的功能,而沙盘游戏以沙盘为中心,创造出一个自由与受保护的空间,在治疗的包容、接纳和关注下,来访者的自我治愈能力得以发挥。

沙盘也可以看成是一个"容器",承载来访者心灵中很多未被知晓的无意识内容。沙盘游戏治疗能够将模糊的身体感觉和情绪通过沙盘中的创造转化为可见的真切的三维意象。那些沙盘图画好比一个人心灵的门窗,让心理治疗师能与来访者的内在生命建立直接而深入的接触和沟通。

创作沙盘的体验把来访者与其心灵的"土地"联系起来,由此触及他的创造潜能。审视沙画能使来访者看到无意识里发生的事情。治疗师在一旁的静观默察起着认可与接受来访者心灵世界表现出来的东西的作用。

(六)奥尔夫乐器在心理游戏中的应用

1. 发展及简介

奥尔夫音乐治疗起源于德国,是德国作曲家卡尔·奥尔夫(Carl Orff)在慕尼黑的一个儿科专业机构的临床实践中,以奥尔夫音乐教育为基础逐渐发展起来的一种音乐治疗方法。这个由特奥多尔·黑尔布吕格(Theodor Hellbrügge)在德国创建的儿科专业机构帮助那些发展障碍和发展残疾的儿童及早地得到诊断和治疗,但黑尔布吕格很快发现单纯的药物治疗并不能满足儿童所有的发展需要,因为这些儿童的发展问题是非常复杂的。于是他在他的理念中引入了其他领域的专家,除了儿科专家还有心理学家、医疗治疗师、职能治疗师、蒙太梭利治疗师、教师、社工和儿科护士等各种专业领域的专家组成团队，来为儿童提供服务，帮助他们更全面地发展。奥尔夫作为这个专家团队的一员，在奥尔夫音乐教育的基础上发展出一种治疗方法，即为该领域的儿童提供情感发展的支持，黑尔布吕格将其定义为奥尔夫音乐治疗。

经过几十年的发展、成熟和完善，最初用来帮助那些发展迟滞，发展障碍、残疾的儿童的奥尔夫音乐治疗，逐渐应用于更广泛的领域、为更多的人群提供帮助和服务。

2. 基本理念及应用

和奥尔夫音乐教育一脉相承的奥尔夫音乐治疗虽然已经发展成一个相对独立、完善的专业，但二者仍然分享着许多相似的基本理念、观点和应用方法。

首先，在奥尔夫音乐治疗中，"音乐"具有非常宽泛的含义，音乐是可以完全用词汇、声音和动作来表达的，如角色扮演、节奏或旋律演奏等。基于这种最广泛意义上的"音乐"，音乐治疗师能帮助孩子们更加积极地参与到音乐治疗活动中来，同时，这种伴随着愉悦体验的音乐活动会强化学习过程并为之提供持续的动力。

其次，即兴是奥尔夫音乐治疗的核心要素之一。音乐即兴活动为孩子们提供了创造的机会，发展了他们的创造能力，并同时伴随着成功、愉悦的体验。孩子们在音乐即兴活动中提高了自己探索、研究的能力。

再次，奥尔夫乐器是奥尔夫音乐治疗的交流方式之一。这些乐器可以鼓励孩子们更加积极主动地参加活动，也在音乐治疗中为其提供了一种社会交流的方式，让孩子们在游戏的环境中用乐器、音乐来表达自己。

最后，奥尔夫音乐的多种感官并用的原则也是奥尔夫音乐治疗的要素之一，治疗师可以用音乐的这个特性（多种感官并用）来满足儿童的多种需要。音乐活动不仅仅局限于音乐的声响效果，其模式可以是综合的、多样化的。

作为奥尔夫音乐治疗活动的体验者和参与者，可以感受到这种治疗方法的优点主要有：首先，活动为参与者提供了一个没有威胁的、安全的、积极的氛围。参与者是积极主动地参与到活动中来，还是比较退缩、被动地感受整个活动的进行，只是表面上参与程度不同而已。实际上，在这种鼓励冒险的环境中，参与者是在不同的层面参与到活动中并从中获益的。音乐活动这种安全、没有威胁、积极和充满鼓励的氛围，其本身就可以为参与程度提供一定的保证。其次，音乐活动也为参与者提供了一个模拟的社会，在保证了参与程度的前提下，参与者的社会性功能得到了发展和提高。所有参与者的感受和获益都是在愉悦感、成功感等积极体验的伴随下获得的，这也是从音乐治疗活动获益且获益能泛化到参与者的生活中的原因之一。

二、心理剧

心理剧是由美国心理学家雅各布·莫雷诺（Jacob Levy Moreno）创始及发展而成的一种心理治疗方法。在中小学，心理剧又被称为校园心理剧，校园心理剧是近年来在中小学中逐渐流行起来的一种团体心理辅导的活动形式，是由心理剧发展而来，是以心理剧的理论为基础，在校园环境中，由心理辅导教师根据个体的生理、心理特点启发个体通过自编、自演的心理剧解决自我心理问题的一种心理辅导方法。校园心理剧作为一种以现实生活为模型的团体心理辅导方式，它以特殊的戏剧化形式将个体在生活、学习、交往中遇到的冲突、困惑、烦恼等情况以角色扮演、角色互换、内心独白等方式编成剧本进行表演，促使个体在表演中，发现问题本质，明确症结所在，找到解决方法。在这一过程中，无论是参演者还是观看者都会受到深刻的启发与教育。

校园心理剧是莫雷诺博士创立的心理剧在校园中的延伸与应用。了解心理剧的基本概念与相关理论，可以帮助心理健康辅导教师更好地把握和应用校园心理剧。

（一）心理剧的概念

心理剧主要应用在团体治疗中，随着不断修正，在家庭治疗与个体治疗领域也开始应用。治疗师通过角色扮演的方式展现个案问题的各个方面，然后应用心理剧的技巧帮个案解决问题。如果在团体背景中，其他的团体成员可能会被邀请扮演情景中的其他人，演出之后会有一个分享和讨论的过程。

为了了解个案生活中的问题，心理剧可以澄清团体中人际关系的动力，可以经由演出来探索个案过去、现在、未来的生活事件问题的各个方面。对心理治疗来说，心理剧可以澄清困惑，帮助个案发现新的可能性，增强创造性和适应能力，或者整合以前自己未接受的情感态度的情节。

传统的心理剧，是在团体的背景中通过演出探索、扩展的过程，是训练有素的治疗师优雅、复杂地处理问题的过程。心理剧在以下几个方面作出了巨大的贡献：创造性思维、自发性、社会剧、演出、想象、宣泄、自我表达、经验的学习以及深入洞察和治愈的行动力。

（二）心理剧的理论基础

1. 角色理论是心理剧的核心

我们每个人在日常生活中都在进行着角色扮演，通过角色扮演我们可以辨认和理解他人所使用的交往符号的意义，并预知对方的反应，正是由于具有"扮演他人角色"的能力，使人在大多数情况下能够对人际关系的困惑和冲突进行清晰的反思和自我调整，使自己成为一个理性的、心理健康的人。但由于人的复杂性和环境的多变性，个体并不能对所有的事件和观念都进行有效的感知、评估和自我调整，这往往会使人产生心理障碍。

角色扮演理论是心理剧的核心。心理剧为当事人提供了一个不同于日常生活的角色扮演舞台，为展现、宣泄、评估其所经历的心理冲突提供了一个宽松的心理环境，这种独特的角色扮演环境具有激励创造性变化的作用。通过角色扮演，使主角将现实自我和所扮演的角色分离，即使人们把自己和日常生活中所扮演的角色分开，形成角色距离。角色距离的形成可以使当事人从旁观者的角度重新审视和评估自己的心理困惑和冲突，改变以前对事态的看法，重新体验生活的价值和意义。心理剧充分挖掘了角色扮演在心理治疗中的作用，在治疗师尽量少干预的情况下实现当事人的心理学习和成长，尤其对协调人际关系更是具有良好的效果，这里的人际关系包括当事人在家庭、学校、社会等的广泛人际交往。

心理剧让个体有机会尝试多种角色，通过角色间的灵活转换和不同层次的角色扮演，个体可以从一个全新的角度体验他人的位置，理解交往中的情绪冲突和期望，从而改善个体以自我为中心僵化的人际关系，为理解自己和他人提供了可能。

2. 存在主义是心理剧的哲学基础

存在主义强调人的意志、责任、价值和尊严，认为个人所有的行为都出自他的内在经验世界。所以，人需要对其行为负责，他们必须变得自觉和有责任感，必须去发现和发挥自身独特的存在意义。

存在主义认为心理治疗有三个基本的任务：一是帮助当事人发现存在的现实意义；二是推动他们自由支配自己的命运；三是帮助他们有效地处理与他人的关系。心理剧的创始人莫雷诺具有存在主义的哲学背景，使他能够将二者有效地结合起来。他认为，我们每个人都存在创造和自我教育的天然趋向，但在患者和人际关系不良者的身上，这种潜能被埋没了。心理剧可以使这种内在的潜能和价值重新发挥出来。心理剧舞台为患者的心理成长和学习提供了一个不受时空限制的舞台，患者可以自由地提出他的梦想、抱负，展现自己的意义和价值，这并非让他们永远生活在脱离现实的"世外桃源"里，而是借此激发他们被埋没的创造性和自发性，学会对社会现实的回归和融合。许多心理疾病的产生在于问题或情景的困扰使患者丧失了其对生活的价值和意义的理解，使其自身所具有的创造性和自发性受到了抑制。心理剧为个体发挥这种潜能打开了一个窗口，使患者能够清晰地认识到问题的症结所在，从而产生心理的成长和升华。

3. 吸取精神分析理论中的有益资源

心理剧治疗技术也受到精神分析的影响，从中吸取了有益于自己的心理资源。精神分析认为心理问题是由于欲望被压抑在潜意识的结果，换句话说，潜意识是心理问题发生的重要原因。但在一般情况下，由于自我防御系统的存在，潜意识的内容不能达到意识领域，而且潜意识的操作方式是非理性、非逻辑性的，其内容与语言是分离的。正是由于潜意识的这些特点，使患者很难意识到症结所在，但会表现为各种心理症状。心理剧所提供的宽松的心理环境有可能使患者降低自我防御，将原先压抑在潜意识的能量释放出来，从而使个体产生一种宣泄后的轻松感，但宣泄不是目的，每次宣泄过后都要进行心理整合，即对过去问题的再认识，使人格结构、人际关系、认知要素得以在健康水平上整合才是最重要的。心理剧还可以将被掩饰的、抽象的潜意识通过灵活的戏剧行为表现出来，将心理问题具体化、直观化，在治疗师和同伴的协助下，个体会对先前无法觉察的问题加以评判和分析，从而消除这些症状。

（三）心理剧的基本要素

心理剧的演出是借助团体心理动力的发展变化来推进的，一个以心理剧方式进行的治疗或成长团体，最少要具有以下五个基本要素：

1. 主角

主角即主要演员，是指他的生活情景正在被探索的人。在团体中，某种意义上，每一个人都有可能成为戏剧演出的主角，对于主角来讲，莫雷诺认为每个人都是天才演员，具有自发的表演才能与演技，他只要有意愿把自己成长中的困惑在心理剧场中表达出来，并对导演和团队其他成员有着极大的信任感，有勇气面对自己的问题。在导演的引导下，在团体成员的协助中，演绎自己的故事，就能在此过程中学习和成长，获得新的行为模式，得到自我完善。在一个治疗团体中，至少有两个人会来协助主角用心理剧的技巧来化解冲突或经历新的体验。导演或治疗师将会承担协助主角的角色来探索转变的动力和处理挑战的方式。

2. 导演

导演促进心理剧的演出，指导主角什么时候在哪部分发生改变或尝试新的角色，带进支持性的辅角，促进过程的发展。尽管是指导性的，但一个好的导演很明显是以人为中心的，为当时的主角服务而不是把自己的假设和架构强加到来访者身上。在有些团体中，会让非正规的团体成员来作为导演指导心理剧，而治疗师参与其中主要作为观察者，导演和当事人的主要治疗师为了提供一个适宜的治疗经验会讨论这些活动。作为导演，他在心理剧中应发挥的作用是：

（1）观察与评估。在心理剧中，导演时常要保持客观的观察态度，一方面要评估主角的人格特质与心理状态，另一方面要营造足够的凝聚力及可以一起工作的团体氛围，并通过社会计量学来评估团体动力、团体互动模式。

（2）拟定治疗目标。导演主要根据主角的叙述，在演出过程中决定用什么样的心理剧技巧、达到怎样的治疗目标。

（3）保护主角。心理剧的主角在团体中袒露自己成长历程中的痛苦与隐私时，导演需要让主角得到更多的正面信息，以减少对主角的伤害。在剧场中，导演有责任不容许有批评与不原谅的声音出现。

3. 辅角

辅角是心理剧的第三个基本要素。这个术语指支持性的演出者，他担任演出过程中其他人需要的角色。辅角可以代表一个家庭成员、朋友、主管，或其他人，但他也会表现一些和主角自己的思想相异的部分，如内在自愿的小孩等。如果辅角不能恰如其分地表达角色的意义，导演会检讨并纠正表演，辅角有时候会带来洞察性的意义，而这些很可能是导演也没有想到的。这也正支持了莫雷诺的想法，即团体治疗中的每一个人都会是治疗他人的工具。

辅角可以有身体上的接触，可能会激发复杂的感情，方式可能是拉一拉衣袖，摇一摇手臂，或者把手搭在肩膀上等。辅角扮演场景中的其他形象，因此很可能会出现同一个舞台上多个人的情况。作为重要角色的辅角也会变成主角移情的焦点，而不是被导演或团体中的其他成员全程导演。在大部分团体情景中，其他团体成员是可能被邀请扮演角色的。

4. 观众

观众一般是指治疗团体本身。心理剧不是为了众多观众的娱乐来演出的过程，主角对被见证场景的觉察会带来强烈的现实感，越多的人关注当事人的表达行为，他们越不可能隐藏在习惯防御机制背后。

观众也是辅角的来源。当主角的暖身活动开始后，导演会问："在这个场景中，谁和你在一起？"如果主角，我们叫他小黄，谈论到他的家庭，他会回答："我的父亲。"导演会说："挑选某人出来做你的父亲。"主角环顾四周，凭直觉挑选小韩。其他的团体成员也可能走上舞台，扮演小黄的母亲、姐妹以及其他角色。

团体得到反馈是比较容易的，因此当治疗师问："你如何看待刚才的互动？"时，这样的一个问题会激发更有影响力的反应。导演可以领导团体成员进行简短的演出，让他们体会主角的角色并表达出如何处理与团体中其他人的关系。小黄可能会用到观众提供给他的建议，重新回到他的角色重演事件。

5. 舞台

舞台是第五个主要要素。为了防止暂时的不信任发生以及促进想象力的发展，导演应强调：舞台就是主角的现实世界并会得到尊重。

（四）心理治疗的阶段

即使心理剧是一种简单、快捷、有效的干预方式，治疗师也应该觉察到表演心理剧过程中隐含的三个阶段，即暖身阶段、演出阶段和分享阶段。

1. 暖身阶段

包括使全体成员都参与的一系列活动。暖身可能只是导演简短的解释；或者是导演离开座位并开始在房间走动；或者是一些肢体的运动与放松活动。

2. 演出阶段

这是心理剧的第二个阶段。导演要根据来访者的需要选择需要用的技巧。心理剧也是一个以人为中心的过程，要依据团体的历程、来访者的能力以及各方面的准备随时进行调整，在经典的心理剧中，过程的发展会跟随情绪强度的波动而变化。增加暖身活动，演出达到高潮，进入分享阶段。

然而在分享之前，导演应该确保主角和辅角都去角色化。

3. 分享阶段

在主角冒险探索之后，要尊重这个不平常的自我揭露过程，导演可以邀请大家简单陈述表演意味着什么，不去分析，不去批判，只是用团体中他人的生活视角来看。

心理剧不应该被认为是各种技术的大杂烩。各种技术与原理之间是可以相互促进的，整体大于部分之和。例如，做手术时增加麻醉剂和灭菌法（保持器械和伤口消毒）比只使用工具会有效，有这些条件才能保证手术成功。同样地，在分享阶段将增加友好的语言、探索性演出、注意身体语言动作、直接对话的力量、用特别的想象力说话等整合起来，可以带来动力性的治疗程序。

（五）心理剧的作用

心理剧非常注重当事者的主观体验，这种重视经验的治疗取向，充满了人本主义和存在主义的精神色彩，因而主观经验的重要性势必成为这种治疗的中心。心理剧所呈现的世界是主角知觉到的内在与外在的经验世界。虽然主观的世界与客观的世界有一定的差距，但对主角来说这就是他所体验到的世界。人是经验的主体，当这个主体通过外在客观世界收到信息，透过他的眼睛、耳朵或者皮肤进入到他的意识范畴里后，这些客观的信息就成了主观的。心理剧是一个内心剧，它解决的并不是客观的事实，而是探视一个人内在的主观世界里的事实，了解是什么困难在阻碍个体的成长、幸福和快乐。

心理剧以戏剧的形式进行工作。戏剧是有力的，并且有时还作为主要的动力起到以下的作用：提供一些距离和自我保护；改变心态；在投入的演出和消极的反应、主观和客观、理想和实用、自发性和思考性之间起到中介作用；特别是借着想象，戏剧可以引导我们对复杂的感受、隐秘的情绪和精神层面等复杂的境界有更深入的了解。因此，运用心理剧技术是在个体发展中使想象力发挥作用的一种主要方法。

从角色理论看，心理治疗和教育重点强调的是训练个体处于各种角色下的平衡和完成能力。心理剧的使用方法则是要求我们能有效地学习扮演各种角色，而不只是谈论。心理剧可在多方面提高个体的心理健康水平，是心理健康教育的一味良方，它的表演过程更具有良好的作用。

1. 帮助个体发现问题、解决问题的作用

心理剧可以帮助个体了解心理过程中的内心冲突与外在表现，为解决心理问题提供切实有效的途径。当个体的问题难以用语言表述时，可以通过心理剧表演，让个体的喜怒哀乐不由自主地流露出来，使他冲破现实生活中的种种束缚，找出问题的症结和解决问题的方式，挖掘出深层的情感，清晰地认识自己，从而在选择解决问题的方法时更具创造性。这种以戏剧表演的方式，引导个体深入探索自己的行为以及其行为对他人的影响，要比说明、描述的方式更形象、生动，更具效力。

2. 促使个体体验角色、疏导情绪的作用

在心理剧中，个体往往根据自己的喜好或指导者的安排扮演一定的角色。这种角色扮演使他们能够更好地理解他人的处境，体验他人在各种不同情境下的内心情感，增强自身对人际关系的理解，改善僵化的自我中心特点。在演出过程中，鼓励个体扮演多种角色，通过角色间的灵活转换和不同角色的扮演去扩充角色的经纬度。这种角色互换有助于加深个体对自己当时行为的反省，更有助于个体体验他人的情感，从而融洽与他人之间的关系。扮演者可以体验角色愉悦的情绪，也可以将扮演者内心的不满和积压的情绪通过所扮演的角色这一不算真实却很安全的情境表露出来，将平时积郁在心中的消极情绪、难以表达的想法宣泄出来，以获得情绪的疏解。在这一过程中，其他人的语言行为对自己而言是一面镜子，在镜子中能映出自己的影子，使自我获得洞察力；同时，每个人又可以从其他成员处得到自己语言、行为的反馈信息，使个体学会从别人的角度来看待问题，促进角色的相互理解，缓解人际交往中的紧张、焦虑、冲突以及对立的情绪。

3. 帮助个体塑造行为、改变心理结构的作用

心理剧的背景一般是具体的冲突情境，这就使个体在整个扮演过程中拥有许多直接学习的机会，它可以成为指导者帮助个体改变行为、塑造行为的有效手段。如果有的个

体特别害怕在众人面前讲话，指导者可以把这些个体聚集在一起，让他们与健谈的人一起表演心理剧，并设计一些特定的场面，对他们不敢大声说话、神情紧张等行为进行纠正，直到他们能理直气壮地大胆表达自己的感情为止。不仅如此，心理学家在研究中还发现，较长时间的角色扮演经验还可以改变人们的心理结构，由于受扮演中真实、直接的情感体验的支持，所扮演的角色的某些特征最终能被内化在扮演者的心理结构当中，从而使扮演者的个性发生实质变化。因此，一个经常扮演优秀角色的个体在生活中也常常会以优秀个体自居。

4. 引导个体探索现实社会、完善自我的作用

心理剧可以帮助当事人扮演自己希望充当的角色，从而获得直接的体验和心理成长。它的演出过程为促进个体对社会的了解，养成关心他人、关爱亲朋、尊重理解别人等积极的情感和良好的行为习惯，为提高个体解决问题、处理问题的能力和方法，提供了一个生动的舞台，从而影响个体行为的改变，促进个体心智的成长，引导个体走健康自我之路。

（六）心理剧的常用技术

心理剧作为一种团体心理治疗法，有着特殊的表演技术，恰当地运用这些技术，可以帮助个体理解和克服自我面临的心理问题，提高个体的心理健康水平。下面是在校园中运用心理剧时常用的几种技术：

1. 角色扮演

角色扮演是指个体在特定舞台气氛下的即兴表演。它能使个体过去被压抑到潜意识中的情感体验重新回到意识领域，并通过行为再现出来，从而使个体对已经发生的事件或将要发生的事件的焦虑和恐惧得到控制或缓解。

2. 角色互换

角色互换是指主角改扮成与其有联系的其他角色，如教师改扮成个体或者相反。一般地，当主角尝试与自己存在冲突的那个人达成协议并有所收获时，心理辅导教师可以建议用角色互换的方法。通过角色互换，个体可以转换立场，整合、消化和超越现有的情景，对歪曲的信念、消极的行为进行重新解释和修正。

3. 替身

站在主角的身后，模仿主角的言语行为，或替主角说话，并把主角的思想活动和情绪体验，甚至是潜意识中的内容都表达出来，这个配角就是替身。替身是主角的重现，他辅助主角进行自我心理过程的探索，引导主角表达出自己的思想和感受。替身辅助主角，并充当心理辅导教师与主角之间的联络人。

4. 多重替身

多重替身是指由多名配角分别扮演主角人格的不同侧面的人。当主角有多重矛盾的心理感受时，多重替身技术可以被有效地运用。在校园心理剧中，多重替身可以展现主角的多个侧面，可以帮助个体更加全面和深刻地认识自我。

5. 独白

独白是指主角直接面对观众表达即时的、甚至是未觉察的感受和思想。有时，心理辅导教师会要求主角在扮演自己之后自言自语，这种做法不仅可以使主角总结、概括自己的思想，表达自己的情感，更密切地检验自己的情感，而且还可以帮助其他成员更深层次地探索自我情感，因此，独白对参演个体和观众都大有益处。

6. 镜像

这一技巧要求配角与主角相似（至少主角认为相似），好像主角面对镜子看自己一样，因此，这一技术叫镜像。配角夸张地模仿主角的某些行为，然后，让主角对这些行为进行评论。

7. 录像

心理辅导教师录制校园心理剧的全过程，等表演结束以后，再组织剧组个体观看录像，并鼓励他们一边观看一边讨论，当他们通过屏幕看到自己的行为时，会产生与镜像技术不同的体验。

8. 未来投射

主角可以把自己对未来的期望融入表演，表演自己未来成为什么样的人，表演自己未来读什么样的大学或从事着什么样的职业，表演自己未来的家庭生活等。这些技术都对扮演主角的个体积极地面对未来提供了动力。

9. 家庭心理剧

请个体的亲属参演，如爸爸、妈妈、爷爷、奶奶等。家庭成员也可扩大，甚至包括对这个家庭有特殊影响的人物等。

第五章　团体心理辅导方案

第一节　团体心理辅导成员甄选

雅各布斯、马森、哈维尔（2009）指出，不是所有的团体都适合所有人。这就意味着，甄选对于团体而言是非常重要的，因为这是了解成员需求最直接的方法。从团体心理辅导的特点看，参加团体心理辅导的成员应具备以下三个条件：①自愿报名参加，并有改变自我和发展自我的愿望；②愿意与他人交流，并具有与他人交流的能力；③能坚持参加团体心理辅导的全过程，并遵守团体的各项规则。只有真正了解了成员的需求，筛选到适合的成员，才能保证团体后续工作的顺利开展，并达到预期效果。

一、甄选时要明确的问题

首先，甄选不是必需的，组长要依据小组的性质和目标来确定是否进行甄选及小组成员的构成。例如，教育、讨论和任务团体就不一定要进行组前的甄选。

其次，对成员的甄选没有绝对、统一的标准，几乎每个病人都有适合参加的团体。组长在确定成员时要考虑其期望和需要、性别、年龄、受教育程度、家庭情况、犯罪记录、种族等因素，从而决定什么人被纳入小组，这些人在哪些因素上应该同质，哪些因素上应该异质。

再次，甄选是一个双向选择的过程，成员自己也要承担部分责任。因此，组长应在课堂宣讲或甄选时向应征者讲明团体的目的、意义、设计、运作方式以及团体中可能会产生的困惑和失败等，以便让其在心理上有所准备并自己做出抉择。亚隆（2005）指出，在进入团体前病人就应先对自己进行一次筛选，不要等到经历了随后从团体中脱落的不愉快体验后才后悔莫及。

最后，由于应征者往往会把团体领导者看成某种权威的象征，因此，在甄选时组长应向成员说明，如果他没有被选上，绝不意味着他不好，只是不太适合参加这个小组而已，一定让他不要因此感到气馁和受挫，同时建议他可以通过个别咨询或参加其他更适合的团体方式来解决问题。

二、甄选的标准

尽管甄选的标准并不统一和固定，但针对"长期互动式团体"或"动力学团体"，亚隆（2005）提出了两个甄选的标准，即排除标准和纳入标准。他认为，甄选的首要目的不是挑选适合的成员，而是剔除不适合的成员，然后接受所有剩余的病人。因此，如果没有明显的排除指征，绝大多数寻求治疗的病人都可以接受团体治疗。

（一）排除标准

1. 某些病人不适宜参加异质性门诊病人治疗团体：脑器质性病变，偏执型人格障碍，疑病性神经症，药物或酒精依赖，急性精神病。

2. 正经历急性生活危机的病人不适合较长期的互动式团体治疗，更适合以个人、家庭或社会网络的形式进行危机干预，或参加短期、特定问题团体。

3. 严重抑郁并有自杀倾向的病人最好也不要转介到异质性的互动式治疗团体，因为团体很难给予他们所需要的特别关注，而且这些成员的自杀意念往往会使其他成员产生焦虑不安的情绪，不堪重负。

4. 无法规律出席的病人。

5. 需要借助他人交通工具来参加团体，或路途遥远的病人。

6. 注定的脱落者：心理悟性差，过多采用否定的心理防御机制，严重躯体化症状，缺乏治疗动机，有较为严重的精神病症状，不讨人喜欢（至少从组长角度来说），较低的社会经济阶层，缺乏社交能力，低智商等。

（二）纳入标准

结合美国国际精神医学大师欧文·亚隆（2005）和林孟平（2005）的观点，适合参加小组的成员应具备以下特征：

1. 应征者的身体和精神情况适合参加小组。一般来说，普通人不宜与精神有问题或处于康复期者同在一个小组。

2. 应征者总体上必须具备强烈的治疗动机，特别是强烈的团体治疗动机。所谓治疗动机强烈，简单地说，就是对团体治疗抱有积极的期望，这是临床上最为重要和最明显的纳入标准。

3. 应征者在人际关系上不存在明显障碍，有起码的能力与其他人相处。并且愿意为自己在人际关系方面的问题负起责任，或者至少能承认这些问题的存在，并有寻求改变的意愿。这些人际关系方面的问题包括：孤独、羞怯及社会退缩；无法与人建立和发展亲密关系或缺乏爱的能力；过度的争强好胜、言行过于粗暴、格格不入、好争辩；多疑；难以与权威相处：自恋，无法与人分享情感，无法对他人共情或无法接受批评且不停地渴求赞美；一直觉得自己不讨人喜欢；害怕自我肯定；献媚、奉承及依赖。

4.应征者愿意向他人倾诉个人的问题。

5.应征者与其他成员之间没有会影响其在小组中的言行的特殊的关系或情绪因素。如果成员之间有一些较特殊的关系，可能会让成员不太愿意在小组中向他人倾诉自己的个人问题。

6.应征者有过一些参加小组的正面经验，或在以前的小组中已学了一些互动原则和方法。这样的成员会有意无意地促进现在小组的发展，但是，要避免他们因为有经验而对小组进行操纵和抗拒。

三、甄选形式

（一）个人面试

虽然个别会谈耗时、费力，但它却是最佳筛选法。其价值在于：组长可以与申请者进行个别接触，并评估他是否适合参加小组；组长有机会将小组的规则、内容、成员资格和人数等告诉申请者；申请者有机会询问有关团体的问题，以确定自己是否真的需要参加团体。

在个人面试时，组长可以提出以下问题：

·你能简单介绍一下自己吗？

·你为什么想参加团体？

·你对团体有什么期望？

·你以前参加过团体吗？如果参加过，你觉得那个团体怎么样？

·你想从团体中获得什么样的帮助？

·有没有你不愿意与之在同一个团体中的某个人或某些人？

·你认为自己能为团体做些什么？

·你能按时参加团体活动吗？

·如果条件适合的话，你愿意在团体中暴露自己的隐私吗？

·对于该团体的领导者，你有什么问题要问吗？

·你是否能遵守团体约定，如守时、坦诚、保守秘密等？

·你是否有迫在眉睫的重大生活变故？

面试时组长应意识到：首先，这次的会谈不仅是为了了解成员的情况，还是自己与成员建立关系的开始，因此，需要应用许多个体咨询的技巧（如关注、倾听和探索等），让彼此尽可能地舒适。其次，这次的会谈也不是一次正式的咨询，因为会谈的主要目的是对应征者需求和目标的评估，而不是帮助其澄清问题，分析原因或宣泄情绪。

（二）书面筛选

所谓书面筛选，即让应征者以书面的方式回答和参加团体相关的一些问题。这些问题往往以表格的形式被罗列出来，包括应征者的基本信息，如性别、年龄、年级、婚姻状况等，也包括一些量表、问卷或上述面试时的问题。另外，还可以要求当事人写一篇简单的自传作为筛选方式。当选择仅仅依据书面材料时，领导者必须要把所有与团体相关的问题包含在内。

（三）通过推荐筛选

所谓通过推荐筛选，是指通过推荐人（如教师、其他治疗者、教官等）推荐可能适合参加团体的成员来完成筛选。采用这种方式时要注意，组长一定要确保推荐人完全理解团体的目标及所期望的成员类型。如果要在一所小学组织一个关于"干预儿童攻击性行为"的小组，领导者不太可能在较短时间内自己选出有攻击性行为的儿童，这时就需要借助教师的帮助，因为他们对学生更了解一些。这就需要领导者事先与参与筛选的教师进行很好的沟通，确保教师了解什么是"攻击性行为"，什么样的儿童是"有攻击性行为的儿童"。

（四）在团体开始后筛选

在团体开始前无法进行筛选，或筛选不够彻底时，就可以在团体开始（如第一、二次会谈）后，当组长和成员对彼此都有所了解后再进行筛选。筛选的方式有两种：一种是团体进行一两次会谈后进行个别会谈，即组长在第一次会面时告诉成员，团体会面一两次后他计划与每位成员单独会面来讨论他以后是否继续参加；另一种是团体进行两次会谈后用书面筛选，即让成员们用一两页纸的篇幅写一写"为什么团体是重要的"以及"想从团体中获得什么"。如果领导者希望淘汰那些不愿承诺在团体中努力上进的人时，就可以应用这种方法。

第二节　团体心理辅导方案的设计

恰当的团体方案的设计是团体心理辅导顺利进行的有效保证，团体方案就像地图，可以引导团体达到目标。只有事先周密地设计、有效地实施、恰当地评估和修改，才能使团体心理辅导不断发展，促进成员进步。

一、团体心理辅导方案的设计内容

团体领导者在带领团体前要做好早期规划，将团体计划书和程序设计好，并将其作为正式带领团体时的指引以及活动计划申报、经费申请、成员招募的依据等。

一般团体心理辅导方案的设计内容包括如下几点：

1.团体性质与团体名称（结构化程度，学术名称，宣传名称）。

2.团体目标（总目标，阶段目标，活动目标）。

3.团体领导者（学术背景，带领团体经验，领导者人数）。

4.团体对象与规模（参加者特征，团体成员人数）。

5.团体活动时间（计划总时间，次数，间隔）。

6.团体设计理论依据（理论名称，主要观点）。

7.团体活动场所（活动场所要求，环境布置，评估内容）。

8.团体评估方法（评估工具，评估时间，评估内容）。

9.团体方法（团体过程规划，所需设备，单元执行计划）。

10.其他（招募广告，财务预算，所需设备，完成条件）。

二、团体心理辅导方案的设计步骤

团体心理辅导方案设计的步骤并无统一的规定和程序。下面以学校团体心理辅导为例，说明设计一个完整的团体心理辅导方案的基本步骤。

（一）确定团体名称（选定主题）

1.主题的来源

（1）班级观察。通过对学生的观察，总结某一阶段学生的共同问题或突出问题。

（2）组织班级心理委员或其他班委会成员会议。多询问班级心理委员或其他班委会成员，培养他们主动、积极发现班内问题并及时汇报、反馈的习惯。最好能够在学校心理健康教育教师的指导下，确定班级心理委员，落实心理委员工作制度。

（3）设置班级"悄悄话"信箱。通过信箱收集班级成员的困惑、期望、心声，总结、分析各类情况。

（4）任课教师交流会。定期开展班级任课教师会议，共同讨论当前班内各种现象，判定下一阶段的心理辅导重点及对策。

（5）借鉴心理学相关理论。结合发展心理学，明确每一个阶段大学生的心理发展特点与规律，制订整个学期将要实施的心理辅导计划。

（6）问卷调查。可通过向全班甚至全年级发放相关的心理健康现状测查问卷，通过统计分析发现学生存在的共同问题。如《中小学生心理健康测查表》《小学生心理健康素质调查》等，也可以通过学校心理健康教育教师开放测查软件。

（7）文献检索。通过检索该阶段学生群体的相关心理健康论文，确定该阶段学生面临的各类问题的表现、发生范围及频率，确定将要预防的主题。

（8）会谈。通过不定期与学生会谈，了解他们的困惑与心声。会谈对象的选择以座位组别、宿舍、性别、家庭情况等为单位。

（9）学生周记。通过学生的周记，去掌握其心理发展动态。

（10）家校联系。通过与家长联系，及时沟通学生在学校及在家里的各类表现，共同商定心理辅导计划。

（11）学校心理健康教育目标。借鉴学校心理健康教育的阶段目标、结构目标和层次目标，确定每一个阶段在认知、情感、意志、个性发展上的目标，从而确定心理辅导主题。例如，认知目标上可以开发学生的观察力、注意力、记忆力、想象力、言语技能等自我智能；情感目标上可以帮助学生学会情绪认知和识别、情绪表达和情绪理解、情绪控制等；意志目标上可以培养学生意志的独立性、果敢性、坚毅性、自制性等；个性目标上可以完善学生对自我的认识、树立正确的价值观等。

2. 主题的细化

通过进一步的现状分析，确定实施该主题心理辅导的必要性；通过查阅相关资料，结合现有资源，分析实施该主题心理辅导的可行性与操作性。

在对某一个团体做心理辅导时，名称需要考虑其对主题的凸显性、创新性、新颖性、独特性和理解性，同时也需要考虑接受团体心理辅导成员对该主题的可接受性，因此需要花工夫思考。团体辅导的名称以主题为出发点，结合辅导目标及辅导对象的特征去设计，务必避免"贴标签效应"。例如，为班级存在自卑心理的学生进行团体心理辅导，倘若用"远离自卑，走向自信"为团体辅导名称，这样会让成员首先自我贴标签，"我属于自卑者行列"，但或许在此之前他并没有真的这样认为。在这种情况下，可考虑使用"突破心理设限，拥抱阳光"这样的名称，可以使用隐喻的词汇替代一些敏感字眼，体现助人成长的含义。

（二）确定团体的对象与规模

1. 对象的筛选

（1）班级内层面的筛选。倘若所要实施的团体心理辅导是面向具体的班级，则参考辅导主题确定班级内参与的人员，可以是同质团体，也可以是异质团体；可以是全班参与，也可以只选择问题凸显的个体参与。

（2）学校层面的筛选。倘若所要实施的团体心理辅导是面向全校的，则可以在学校宣传栏公布团体心理辅导计划，邀请感兴趣、有需要的同学参加。学生报名后，为保证团体心理辅导的效果，需要对报名人员做进一步的筛选。此时，可通过设计简单的个人基本情况表，内容可以包括姓名、性别、年龄、家庭背景、人际交往现状等，尽量在表格中了解其参与团体的意愿、期望及决心等。此外，还可以通过对报名人员做简单的面试，初步了解其个性特征、参与团体的适宜性等。要尽量选择那些对团体辅导兴趣高、改变自身愿望强烈、能坚持小组活动、身心都适合的学生参加。

2. 团体的规模

团体的大小规模需要考虑各种因素，包括成员的心理特点、团体的性质、团体辅导的目的、团体领导者的经验、团体领导者的人数，也可能需要考虑团体辅导场地、设备等情况。团体人数的多少会影响成员参与的机会均等程度及互动状况，人数过多，在有限的时间里，人员互动无法深入；而人数过少，无法提供合适的团体支持，团体辅导效果也会打折扣。一般而言，以发展为主的辅导性团体或者以信息传递为主的团体人数可以相对多一些，如全班参与，但此时应该有多个团体领导分组参与其中，每组8～10人；以训练为目标的团体人数居中，一般10～12人；以治疗为目标的团体人数不宜过多，一般5～8人。从年龄来考虑，少年团体3～5人为宜，学生团体以8～15人为宜，成年人（23～60岁）大都已在人格及情绪行为上趋向稳定，在家庭及社会上有明确的角色，团体的大小可视团体辅导目的而定。

（三）团体的性质

团体的类型很多，可以按照不同的标准分为不同性质的团体。以团体辅导有无计划与目标来划分，团体可以区分为结构式、非结构式和半结构式团体；以团体的理论及功能来划分，可以分为发展性、训练性和治疗性团体；以团体成员的固定程度来划分，可以分为开放式团体和封闭式团体；以团体成员的背景相似度或问题的性质来划分，可以分为同质团体和异质团体。

（1）结构式团体

结构式团体治疗是根据团体的实际情况，有计划地安排辅导内容，以达到预期目的的团体辅导方法。这类团体的计划性很强，在操作过程中严格按照所设定的计划去实施，包括每次团体开始的开场白、活动过程等都有明确的计划。

（2）非结构式团体

指不安排有程序的固定活动，领导者配合成员的需要、根据团体动力的发展状况及成员彼此的互动关系来决定团体的目标、过程及运作程序。与结构式相比，非结构式团体辅导的团体进程更多地是依靠成员之间互相激发的自发动力，团体此时此刻发生的议题素材更加自然和现实，但程序不固定，可掌控性差，对团体领导者要求高。领导者的主要任务是催化、支持，多以非指导方式来进行。一般适合年龄较长、心智成熟、表达能力强的人群，尤其是有工作经验的社会大众人群。

（3）半结构式团体

这是介于结构式团体和非结构式团体之间的一种形式。团体开始前已制订部分程序，剩余的程序、活动、目标则在活动进行过程中通过成员的互动共同制订并实施。

（4）发展性团体

发展性团体心理辅导以发展性为辅导方向，根据成员的特定问题和心理发展阶段的特点，以成长与发展中的矛盾和主要问题为内容，帮助成员正确地认识自己、悦纳自己，提高心理机能，增强心理承受能力；帮助成员学会解决成长过程中出现的心理问题，从而更为积极地应对生活事件。在发展性团体心理辅导过程中，一切活动都将有助于个人的成长，特别是通过成员互动可以促进相互学习和相互借鉴，取长补短，不断成长。例如，自信心团体心理辅导、发现自我潜能团体心理辅导等。

（5）训练性团体

训练性团体心理辅导注重人际关系等技巧的培养，强调通过团体环境中的行为实验来帮助成员如何解决问题、如何表达自己的意见等。训练性团体心理辅导强调此时此地，不涉及成员过去的行为；强调过程，不强调内容；强调真实的人际关系，尊重他人，有利于他人的成长。例如，沟通技巧训练团体、拒绝技巧训练团体、自我肯定训练团体等。

（6）治疗性团体

治疗性团体心理辅导已进入治疗层面，是指通过团体特有的治疗因素，如团体中所提供的支持、关心、情感宣泄等，改变成员的人格结构，使他们达到康复的功能。治疗性团体一般持续的时间较大，所处理的问题也较严重，往往针对某种行为异常，如焦虑、抑郁、性问题等。团体咨询的重点放在过去的经验影响以及潜意识的因素，同时或多或少会改变个人的人格结构。

（7）开放式团体

开放式团体心理辅导是指成员不固定，不断更迭，成员的加入或退出皆尊重个人情况、需求和意愿，成员的流动性会带来不同程度的冲击，会使团体气氛产生很大变化。

（8）封闭式团体

封闭式团体心理辅导是指参与的成员是固定的，从第一次聚会到最后一次，保持不变，熟悉程度高，则团体凝聚力与信任感强。成员加入或退出必然会像向平静的水面扔入一颗石子，影响团体的进度。在一般情况下，团体辅导都采用封闭式团体。

（9）同质团体

同质团体心理辅导是指团体成员本身的条件或问题具有相似性，包括性别、年龄、成长背景、学习经验、文化水平等。同质团体的好处在于：团体成员因背景、条件相似而有更多的共同语言、共同体验，相互之间容易沟通，能互相关心，不会感到孤立，而且成员可以从其他人的经验中得到解决问题的启发。

（10）异质团体

异质团体心理辅导是指团体成员自身的条件或问题差异大、情况比较复杂。这类团体辅导常常以"个案为中心"，好处在于可使其他成员成为问题者的协助者。例如，当讨论到 A 的问题时，不同的成员可以从不同角度客观地提供经验、资料和分析，可以使受助人 A 从多种角度洞察自己，获得多方面的帮助和启发，促使人格快速成长，如两性关系成长团体。

根据团体心理辅导的目标、辅导对象的特点、领导者的能力以及可利用资源来设定团体心理辅导的性质。团体的性质可以是按辅导阶段不同的多种形式混合，也可以是统一的某一种形式。

（四）团体目标的设置

团体目标包括整体目标、阶段目标和每次聚会的具体目标。具体而言，是指经过团体心理辅导后，成员在认知、情感和行为意志方面应发生哪些改变。

团体目标的设定需要立足于团体主题、团体性质及成员心理特征，具体到每一次聚会的目标应该是具体的、可操作的。团体目标的设定可以看成是团体成员参加团体的期望，也隐含着团体领导者的期望和目的。

（五）团体活动的理论依据

此阶段需查阅并整理团体心理辅导主题下的相关心理理论，熟悉团体心理辅导的相关理论。主要的理论依据包括个人中心治疗理论、心理分析治疗理论、行为治疗理论、人际相互作用分析理论、团体动力学理论、社会学习理论、人际沟通理论等。除此之外，更需要结合相应的团体辅导主题搜索相关的研究成果，将该团体辅导实施过程中可能遇到的各种问题细化并明确应对方案。

（六）团体活动时间和频率的确定

团体心理辅导在时间上的安排需视团体辅导主题、目的及成员特点而定。在设定时间上需细化到整个团体辅导进行的进程安排、何时开始进行、每次辅导所需时间、总共辅导的次数、间隔的时间、每周的次数等。

团体心理辅导的组织方式主要有两种：一种是持续式团体，一种是集中式团体。持续式团体心理辅导是定期活动，持续一段时间，如某个团体计划开展 8 次，每周 1 次，每次 2 个小时；集中式团体心理辅导则是将成员集中住宿，利用节假日休息时间组织活动，形式类似于学生的暑期夏令营，一般以 3 ～ 5 天为宜。

（七）活动组织、协助者的选择

一个完整的团体心理辅导活动的实施需要多个活动组织者、协助者的相互配合，合理分工。基本角色按任务分配，包括活动方案策划者、活动组织宣传者、道具物流筹备者、活动主持人、活动分组领导者、活动材料分析者、活动观察员、活动记录员、矛盾调解员等。在人员的选择和分配上需要结合个人特征合理安排。

（八）团体活动场所的选择

团体活动场所的基本要求有：避免团体成员分心，也就是使团体成员在没有干扰的条件下集中精神投入团体活动；有安全感，能够保护团体成员的隐私，不会有被别人偷窥、监视的感觉；有足够的活动空间，可以随意在其中走动、活动身体、围圈坐；环境舒适、温馨、优雅，使人情绪稳定、放松。

活动场所环境的布置和座位都需要根据团体目标、成员特征、人数多少来安排。儿童团体人数较少，空间不宜太大，可以放置一些玩具。青少年以语言沟通为主，适当的书面资料及海报等教具的应用可以提高活动的吸引力。

（九）确定评估团体心理辅导效果的方法

一般而言，团体心理辅导评估包括过程与结果评估、团体互动状况与个体成员评估、评估方法或工具及预定评估的时间等。不同的团体因其主题、目标、性质、对象不同，其评估方法也不同。

1. 选择评估方法的原则

第一，评估方法需符合团体辅导的目标；第二，团体领导者应熟悉并掌握该评估方法；第三，方法适用于团体成员；第四，所选方法应简易、适用、客观。

2. 适用于团体的评估方法

团体评估的方法和工具有团体内观察、聚会后问卷、团体目标达成状况、评估量表、领导者评论表、观察员日志、录音录像、团体活动反馈表、团体气氛评估表等。具体分类如下：

（1）根据评估的时间，可以在团体心理辅导开始前、团体心理辅导过程中、团体心理辅导结束时、团体心理辅导结束后采用各种方式进行评估。

（2）根据评估的对象，可以对团体领导者、团体成员分别进行评估。

（3）根据评估的方法，可以分为客观评估、主观评估。客观评估其评价标准具体、可重复考察，如客观观察问卷、考察具体时间点、团体成员做出某类行为的次数；主观评估主要依据成员的主观体验，如团体心理辅导结束后对成员进行追踪评估、他人的主观评估。

（4）根据评估的工具，可对团体心理辅导进行过程中的影像进行分时间点、事件发生频率进行评估，也可以采取发放问卷对各个阶段进行评估。

（5）根据评估的形式，可以区分为口头评估，即询问团体成员或相关人员；或者采用书面评估，如问卷。

（6）根据评估的侧重点，依据团体心理辅导设定的目标，倘若注重团体心理辅导进行过程中成员的具体表现，可以采取过程评估；倘若注重团体心理辅导最终达成的效果，可以直接在团体结束时对结果进行评估。

（7）根据评估实施主体，倘若评估的是团体的其他成员，就是他评；倘若评估的是自己的各方面情况，则是自评。

（十）团体心理辅导方案的撰写

团体心理辅导方案包括总体方案设计、团体心理辅导流程设计、单元心理辅导执行计划设计以及每次具体活动程序设计。

1.团体心理辅导方案设计的总框架

单元框架设计是整个团体心理辅导的主线，按照团体心理辅导次数、每次团体心理辅导时间、每次团体心理辅导目标划分单元数量，并简要注明每个单元的名称、目标、主要内容、活动名称、活动时间等。

2.团体心理辅导各阶段设计的重点

无论团体心理辅导是一次结束还是几次结束，所有的团体心理辅导都会经历启动、过渡、成熟到结束的发展过程。每一个阶段都有其自身的运作特点，但并非一个个独立、分离的阶段，而是连续的、相互影响的。一般而言，针对团体心理辅导不同的发展阶段，在方案设计与活动选择上也有不同的考虑重点。

（1）团体心理辅导初始阶段的设计重点

团体心理辅导刚开始进行时，领导者与成员都会有些压力，尤其是成员。成员会存在各种复杂的情绪，如焦虑、担忧、疑虑、防卫、观望、拘束、好奇、感到陌生、缺乏安全感、不知所措等。此时，团体领导者要以营造温馨、和谐的气氛为重点，设计无压力状态下的互相认识活动，澄清成员的期望，拟定团体契约与规范，设计初步的、公开的自我表露内容等。

营造温馨的活动氛围——针对成员在团体初始期的心态，在团体方案内可设计一些能协助团体成员放松的练习，如轻松的背景音乐、新奇的物品等。

设计轻松的相识活动——避免纯粹的自我介绍等容易造成压力的活动，可以采用"滚雪球""大风吹""契合卡片"等形式。

澄清成员期待的活动——与团体成员共同探讨团体要达成的目标，了解成员的期望，修订原有的方案。

拟定团体契约，建立运作规范——让团体成员发挥团体创意，共同设计契约版式。并在团体成员共同商讨下制订团体契约的具体款项，通过仪式化动作设计契约，使团体成员将团体契约铭记于心。

（2）团体心理辅导过渡阶段的设计重点

在团体心理辅导过渡阶段，成员之间彼此信任还不充分，分享不够具体、不够深入，人际互动比较形式化，成员心理反应差异极大，有的成员投入、开放、自主、喜悦、欢乐，有的成员冷漠、沉默、焦虑、矜持、依赖、抗拒、持续观望、攻击、防卫等。领导者为了以更开放、包容、尊重、温暖等特质与成员互动，除了运用初始期的技术，如摘要、解释、联结、设限、保护等技巧外，还可以在设计方案时，选择增加团体信任感与凝聚力的活动来催化团体动力。

设计此时此刻的分享性活动——为了解决成员不信任的问题或出于凝聚团体向心力的需要，领导者在团体心理辅导过渡阶段可以设计一些结构性活动，让成员在团体中分享感受，尽量设计高分享性的活动，如盲行、信任圈、人椅等。

设计引发成员更深层次自我表露的活动——当团体心理辅导进行一段时间之后，成员自我开放行为会随之增多。领导者可以适时运用并设计更深层次的分享活动，有助于成员认同团体，增加更多自我探讨、自我了解的机会，如"小小动物园""心灵窗格"分享等。

设计探讨人际关系的活动——在团体心理辅导过渡阶段，领导者应注意到成员不信任自己、不信任他人的各种表现并加以处理。经常出现的情况有：成员不积极主动，不愿说出自己的感受，怕自己表露出负向情绪，或将注意力放在别人身上，只顾"帮助"别人，给予别人建议而少谈自己等，有时成员会产生挑战领导者的行为。为此，领导者可以设计检视团体盲点及团体内人际关系的活动，如"猜猜哪里变了""寻找灯塔""团体温度计"等。

设计催化团体动力的活动——有时团体因动力发展迟缓、领导者的能力有限或者成员的心理防卫与身心状态不佳，领导者可以借助团体环境的布置、视听器材的使用、康乐活动的设计来促进团体发展。音乐是很有效的团体催化工具，不论是团体进行前后、中场休息还是团体进行过程中，都可以选择适当的音乐来催化，也可以设计一些动态性、兼具感性分享与理性交流的活动，如"拍打穴位""同舟共济""突围闯关"等。

（3）团体心理辅导工作阶段的设计重点

进入团体工作阶段后，成员建立了团体信任感、凝聚力，在团体中渴望学习、成长，期盼个人问题能够解决或团体目标能够达成。领导者在此阶段除了可以提供成员信息，运用面质、高层次同理心、自我表露、反馈、联结、折中、建议等技巧，还可以降低领导者掌控的行为，多给予成员自由互动与成长的空间。团体方案可以设计引发深层次的自我表露及引发成员间正向与负向的反馈活动，或者探讨个人问题的活动、促进改变行为的活动等。

针对团体心理辅导目标来设计活动——团体动力增强后，领导者应该迅速掌握工作契机，将团体引导到原先设定的目标上，针对团体原先设定的主题、功能设计活动。

针对成员需求来设计活动——倘若团体进行过程中出现成员强烈的问题解决意愿，则可以在征求其他成员同意的情况下，共同探讨相关问题。

针对团体特殊事件来设计活动——团体在任何发展阶段都有可能会发生特殊事件，因此有效的领导者不宜固守原先的团体计划，应该适时应变，调整设计。

（4）团体心理辅导结束阶段的设计重点

团体发展进入结束阶段，成员常常难免会有依依不舍、如释重负或者问题悬而未决等感觉，因此，领导者除了必须以身作则、保持开放自我、尊重支持、积极负责，运用反映、反馈、评估、整合等技术，还应在活动设计上回到中层、表层自我表露，让成员有机会回顾团体经验，让成员彼此接受并反馈，让成员自我评估进步程度与团体的进行状况，处理离开团体的情绪与未完成的事项，让成员互相祝福与激励。

3. 团体心理辅导活动的设计内容

团体心理辅导活动可以分为开始、中间和结束三个部分，最常用的活动模式是：热身—活动—分享—点评。其中，"热身"的目的是为团体心理辅导开场打破僵局，为主要活动做准备；"活动"是团体心理辅导的核心活动，是团体心理辅导目标达成的关键，应根据团体心理辅导内容目标设计；"分享"是在活动完成后让成员谈谈各自参与活动的心得体会；"点评"是领导者对活动进行总结评价，以强调活动目的。通过分享与点评，可以让成员巩固所学。点评后可以预告下次团体活动的主题，并布置家庭作业，使成员巩固所学。

第三节　团体心理辅导方案的评估

每个团体要有严密和完善的组织，它包括设立团体的目标、活动名称、方案、程序，甄选成员组成团体，实施计划，更重要的是总结、评估团体咨询的结果。

团体成员是团体心理咨询活动的直接参与者和感受者，他们的体验最有可信性。成员们可以对团体进行正式或非正式的评估，正式的评估可以在团体心理咨询活动进行到1/3或1/2处进行，此时的评估可以为领导者对下一步活动做出适宜的改变提供依据。他们可以通过回答团体领导者提供的问卷或提出的问题，对团体心理咨询活动进行评估，问题可以是关于团体活动的过程、内容以及团体提供的帮助方式等。最后的书面评估对于领导者计划以后的团体是非常有帮助的。非正式的评估可以作为团体活动中任何一次具体活动结束阶段的一部分工作来完成，成员们可以采用自由发言的方式，谈论在团体心理咨询活动中最深的感触和体验。

由于不同团体的评估重点不同，评估方式也有区别。例如，在开发性团体心理咨询的评估中，评估者主要关心的是每个成员潜能的开发；在互助和成长团体评估中，评估者更关心成员间的沟通状况、人际关系和相互支持网络的建立。

一、评估方式

（一）自我陈述

自我陈述是团体成员诉说或写出在团体心理咨询中个人的体会感受。自我陈述包括与成员交流体会和写书面总结，或者先由领导者引出谈论的话题和重点，或者由成员自由发言、自由提问。交流体会往往是每个具体活动的结束内容，因此成员在每次团体心理咨询中都可以进行交流，这样可以让领导者及时发现训练中的问题，使成员体会到自身的变化。书面总结是在团体心理咨询结束后让成员以文字的形式写出对活动的评估和内心的真实感受。以上两种陈述方式不同，但它们都能较真实地了解团体心理咨询各方面的情况，尤其是可以掌握大多数成员在团体心理咨询后的改变。

（二）心理测量

心理测量是根据一定的法则用数字对人们的行为加以确定，即依据一定的心理学理论，使用一定的操作程序，给人的行为和心理属性确定出一种数量化的价值。心理属性和物理属性一样，也是可以测量的。根据心理学特质理论，人们对测量结果进行推论，可以间接了解人的心理，心理测量具有相对性，即心理测量只能看每个人处在这个序列的什么位置上。心理测量所得的一个人适应能力、合作程度、兴趣大小等的变化，大多数是以成员参加训练前后的指标对比来评估的。例如，为增强某青年自信心而组织的自信心训练团体在开始时使用自我评估量表测量，了解成员的自我评估状况，团体心理咨询结束后，再做一次自我评价量表测量，比较一下参加团体前后相关指标的变化。心理测量不同于问卷调查，它一般是经过大量测验和论证的标准化的量表。此外，还要考虑成员的文化背景。

（三）检查评估

检查评估是一般大型活动的必要环节，主要是指由上级领导和机关组成工作组对团体心理咨询活动开展情况的详细检查和分析。检查的内容涉及计划的制订、落实情况，领导者采取的方法措施，成员的体会收获，从训练活动中取得的经验和遇到的困难，下一步的改进措施以及训练的记录情况等。检查评估的方式也是多种多样的，包括现场观察、查看记录和团体成员的日记、听取汇报、问卷调查、开座谈会、个别访谈等方式。检查评估的好处是让各团体领导者有压力，能够努力把活动开展好；不足之处是检查评估往往是在活动结束后进行，他们收集的大部分是第二手资料，可信度相对较低。

二、评估内容

团体心理咨询评估的内容具有广泛性特点，它是训练过程各要素、各环节和训练效果各方面的评估，是一种全程、全域评估。根据团体心理咨询的发展过程，我们将团体心理咨询评估分为预测性评估、过程性评估、总结性评估和追踪性评估。

（一）预测性评估

预测性评估是对团体心理咨询的目标、成员、内容、形式、方法、纪律等制度进行的前瞻性评估。制度是保障团体心理咨询正常进行的前提基础，制度是否合理、实效，对团体心理咨询是十分重要的。在制订过程中，领导者、心理学专家需要对各项内容进行预测性评估。在训练活动开展前，一般要进行效度性评估，即评价团体心理咨询的目标是否合理、内容是否科学、形式是否丰富、方法是否得当、纪律是否有约束力等。根据评估情况，可以对制度进行适当的修改，以使团体在理论上达到最优化。

（二）过程性评估

过程性评估是在团体心理咨询进行过程中所做的评估。团体进行过程中，领导者可以通过观察、提问、问卷等方式了解成员在团体内的表现和团体的总体情况，以确定团体心理咨询下一步如何进展，是按计划进行，还是进行适当的改变，或者是中止团体。在团体心理活动进行到 1/3 或 1/2 处时，领导者可以根据活动的开展情况设计自我评估量表，了解团体成员的反应，以便有针对性地改进下一步的活动。以下"团体成员自我评估量表"，就是过程评估所用的评估工具。

利用下面的句子，以 1 到 5 的尺度等级估量你所参加团体的状况，1 代表"我绝不是这样"，5 代表"我总是这样"。

1. 在团体里，我是一个积极投入的成员。

2. 我愿意完全地投入团体，并且与大家分享目前的生活问题。

3. 我认为自己愿意在团体中尝试新的行为。

4. 我愿意尽力表达自己的感情，就像其他人一样。

5. 在每次团体讨论之前，我总会花一些时间准备，结束后我也会花一些时间反省自己的参与情况。

6. 我尽量以真诚的反应面对其他人。

7. 在团体中，我总是不断地澄清我的目标。

8. 我总是注意倾听别人在说什么，也会把我的感受直接地告诉他们。

9. 我会与别人分享我的想法，将自己如何看他们，及如何受他们的影响告诉他们。

10. 在团体中，我尽量使自己做别人的模范。

11. 我愿意参加团体组织的各种不同的活动。

12. 我常想要参加团体的讲座。

13. 不必等他人开口，我就会主动帮助他们。

14. 在团体建立信任感的过程中，我是积极主动的角色。

15. 我是在没有防卫心理的情况下，坦诚地接受别人的反馈。

16. 我尽量把团体里所学习到的东西应用到外面的生活中。

17. 我会注意自己对领导者的反应，并说出他是个怎样的人。

18. 我会避免自己和团体其他成员发生冲突。

19. 我会避免询问别人问题和给予他们忠告。

20. 我对自己在团体里的学习负责。

（三）总结评估

总结评估是在团体心理咨询结束后进行的评估，是整个团体心理咨询活动的有机组成部分之一。一般情况下，在团体心理咨询结束后，主持人组织成员填写事先设计好的评估表。评估表可以涉及团体的各个方面，包括团体成员对团体的满意程度、对团体活动的看法、对团体的感受、自己行为的变化、对领导者的评价等。领导者在统计分析的基础上进行总结，以便今后改进工作。领导者也可以根据自己的观察对团体进行分析，还可以组织成员写总结、谈感想，以此评价团体心理咨询的效果。

（四）追踪评估

追踪评估是指在团体心理咨询结束后的三个月至两年内进行的评估，目的是了解团体心理咨询的效果及效果持续时间。据有关研究发现，团体成员在活动结束时的感受与几个月后的感受有很大的差别，所以，进行追踪评估是有其存在的实际意义的。追踪评估时间卷法、会谈法、观察法、测验法、追踪聚会等都可以比较容易地运用，不像社会上很多心理咨询的团体仅召集成员就是一件很困难的事情。

追踪评估一般都是在团体心理咨询结束后进行，且间隔时间较长，每个成员可能都会遇到很多事情，从团体心理咨询中学习到的东西会在不同人身上有不同的体现和不同的感受。因此，领导者在设计评量表时要以开放式问题为主，这样可能会有很多意外收获。樊富珉认为，在成员评量表中一般要涉及以下问题：

1. 团体的经验对你的生活有什么影响？

2. 团体咨询给你留下最深刻的印象是什么？

3. 有什么特别的原因促使你对自己的生活、个人态度及人际关系更为了解？

4. 你生活中的哪些改变是来自团体经验？

5. 当你想在现实生活中完成你在团体内所做的决定时，你会遇到什么困难？

6. 团体经验对你是否有负面影响？

7. 参加这个团体对你生活中的人是否造成影响？

8. 如果你没有参加这个团体，你的生活与现在的生活会有什么区别？

9. 如果要使用一两句话来说明团体对你的意义，你将如何回答？

当然，领导者在追踪评估中可以根据团体心理咨询的具体内容将问题具体化，也可以因人不同而提不同的问题。

三、评估报告

评估报告是指团体心理咨询具体组织单位以书面文字的形式将活动情况向上级部门

汇报，或者上级业务部门对活动组织单位进行检查的情况总结。评估报告既是对前段时间活动的正式总结，也是以后改进工作的依据。因此，写好评估报告是十分必要的。

（一）写作要求

团体心理咨询评估报告总的要求与个人思想情况，反映在写作上有很多相同之处，在整体上把握、深入分析的基础上，做到重点突出、观点清晰、点面结合、文字简练，其具体要求如下：

一是充分掌握团体成员的心理状况和行为变化。从评估者来源看，对团体效果的评估来自多方面，这样可以收集到各方面的情况。有经验的作者认为对情况掌握的多少、深浅，决定着这些资料质量的高低，如果作者只根据自己的观察或体验来写，是很难写出高质量的评估报告的。因此，在动笔撰写之前，作者一定要把主要功夫下在广泛收集各方面资料上，这样才能做到具体、准确、全面。

二是要对调查、测量结果进行深入的分析，对训练前后做对照。但这些未经概括的情况只是一些"毛坯"的堆砌，要加工成"精品"，必须将各方面的资料汇总到一起，进行深入的分析，将这些杂乱的东西条理化、概括化，并总结出每次团体活动解决的重点问题，将其在评估中明确地体现出来，让人看后一目了然。

三是恰当地选用事例。团体心理咨询是由多种方式组成的，其中具体活动是很重要的组成部分，活动后的成员们会有各种各样的体会和感受，有些成员在活动前后的对比是非常明显的，有些成员还会提出中肯的意见和建议，领导者对特殊成员的引导和转变等，都是很典型的事例。在运用事例上有不同的方法，一般有单引举例法、多引举例法、多角度举例法和对比举例法，恰当地运用典型事例，可以有效地说明作者的观点，增强评估的说服力。

（二）写作方法

团体心理咨询的写作一般分为三部分，即情况概述、体会或感受和改进措施或建议。团体心理咨询的写作也可以分为两部分，即将前两部分合二为一，前半部分是主要部分，包括团体咨询的开展情况、成员的总体表现、成员间的互动、成员的体会及主持人的表现等；后半部分是改进措施或建议。行文可以根据团体的具体情况采取不同的结构，有的采用"总分"结构，先点明主题，然后将具体表现倾向或问题列成条，逐一陈述；有的采用开门见山结构，平铺直叙，将各种表现平等地列出，不评论。有些内容单一、情况简单的评估报告，可以不列小标题，稍加概括，自然成文。尽管评估报告的结构不尽相同，但都要求真实、准确、简练。

第四节　团体心理辅导游戏的编制

心理团体中，我们经常会运用一些游戏作为切入点，促进成员相识。通过创设情境，在体验式学习中，激发成员的思考，促进成员的改变。

一、促进团体成员相识的游戏

（一）猜猜我是谁

目的：让成员欢快地行动起来，在活跃的竞赛氛围中彼此认识和了解。

时间：约 20 分钟。

过程：给成员每个人一张空白卡片，要求他们自己动手，在上面写上描绘自己特点的一段话，可以写长相、性格、爱好等，但不要出现姓名，制成"信息卡"。然后交上来打乱顺序，每个人从中抽取一张，在团体中寻找具有信息卡上的特征的人，如果猜对了，就两人相互握手，询问姓名，交流谈话。如果没有猜对，就继续问下一个人。一个周期进行过后，先后请最先猜对的人、最后猜出的人分享感受，然后打乱顺序，再玩一轮。这一次，猜对了要求在卡片上写上名字。人数少的情况下，可以请每个人读一下信息卡上的自我描述，再请他和他的同伴说说是根据什么猜出来的；人数多的情况下，可以分组进行。

（二）知你识我

目的：初步相识。

时间：约 8 分钟。

过程：团体领导者先让团体成员在房间里自由漫步，见到其他成员则微笑握手。给一定时间让成员自然相遇，鼓励成员尽可能多地与其他人握手，当指导者说："停"时，每个成员面对的或正在握手的人就成了朋友，两人一组，各自作自我介绍。介绍的内容包括姓名、所属部门、身份、性格特点、个人兴趣爱好、家庭情况以及个人愿意让对方了解的有关自我的资料。每人三分钟，然后漫谈几分钟。

（三）对对碰

目的：扩大交往圈，拓展相识面。

时间：约 10 分钟。

过程：先做"知你识我"，然后把刚才自我介绍的两个组合并，4 人一组，进行"他者介绍"，每位成员将自己刚才认识的朋友向另外的两位新朋友介绍。然后4人自由交谈几分钟。

（四）连环自我介绍（滚雪球）

目的：进一步扩大交往范围，引发个人参与团体的兴趣。

时间：约8分钟。

过程：两个4人小组合并，8人围圈而坐，按顺时针方向，从某个成员开始用一句话介绍自己，一句话中必须包括三个内容：姓名、所属部门以及自己的特点。例如，"我是来自中文系的性格活泼的李慧"。从第二个成员开始，每个成员在用一句话介绍自己时都必须先重复上一个人的信息，如"我是坐在来自中文系的性格活泼的李慧旁边的，来自物理系的内向害羞的张敏。"直到最后一个人都必须先重复上一个人所说的，如"我是坐在来自中文系的性格活泼的李慧旁边的，来自物理系的内向害羞的张敏旁边的，来自体育系喜欢篮球的王利旁边的……"这样到最后一个人时，就要先说完全部小组成员的信息再说自己的。

这一过程中如有不顺畅之处，则小组其他成员随时可以帮忙提示。这样使全组注意力集中，互相有协助他人表达完整正确的倾向，而且可以在多次重复中，不知不觉地记住他人的信息。

（五）寻找我的那一半

目的：彼此相识，建立互动关系。

时间：约30分钟。

准备：将彩色纸剪成三角形或正方形，并用不同方式一分为二。

过程：团体成员自由抽取彩色纸，然后成员必须在团体内找到与自己同色且形状相匹配的另一半，找到后在彩色纸上写上两个人的名字，自由交谈3分钟，相互认识。然后全体成员围圈坐下，每对轮流向大家介绍对方，使团体中的每个人都能互相认识。

（六）棒打薄情郎

目的：尽快相识，增进团体凝聚力。

时间：约20分钟。

准备：用挂历纸或旧报纸卷成一根纸棒。

过程：全体成员围圈而坐，轮流介绍自己的名字、兴趣、出生年月等个人资料，每个人都去专心地记住其他成员的资料。然后站成一圈，接着可以从以下两种做法中选一种继续进行：①选一个执棒者站在圈中间，由他面对的人开始，大声叫出一个成员的姓名，执棒者马上跑到那个被叫的人面前，被叫者马上再叫出另一位成员的姓名。如果叫不出来，就会受到"当头一棒"。②或者选一名成员作为焦点人物站在圈中间，由他面对每个人开始大声叫出一个成员的姓名，边上有另一个人执棒，如果发现叫错或想不起来，就会给以"当头一棒"。同时要提示正确姓名，由这位成员重复一遍，再继续进行。这位成员叫了一圈姓名之后，就可以成为执棒人，而请下一位成员作为焦点人物，开始叫其他人的姓名，如此轮流，直到每一个人都做过一次焦点人物。

（七）搭肩求助

目的：团体人际温度测量，并建立信任的关系。

时间：约 40 分钟。

过程：团体领导者请每位成员环视团体，观察每一位成员，然后问："如果你迷路了，你会找这个团体中的谁问路？请将你的手搭在他的肩上。"团体形成几组人链，有人被许多人选择，有人没有被选择，然后请每位成员说明自己为什么会选择这个人问路，以此促进成员之间的沟通。

二、增强彼此信任合作与创新精神的游戏

人与人之间需要理解和沟通，建立相互信任的关系，彼此接纳。进入团体的成员在初步相识后，需要进一步相互接触、相互了解，以逐渐建立信任的关系，减少防卫心理。这些团体成员之间的合作练习，可以促进成员之间的积极互动。

在其中一些游戏中，可以充分体验团体对个人的重要，成员需要自觉根据任务找准自己的位置并互相配合。团体合作中会出现一些领袖人物，指挥团体统一行动，在引导、协商与跟随相互配合的过程中，强化互助合作的意识，感受团体力量的强大，提高合作的效率，从而增强团体的凝聚力和创造力。

（一）信任之旅

时间：约 60 分钟

过程：团体成员 2 人一组，一位做盲人，一位做帮助盲人的人。盲人蒙上眼睛，原地转三圈，暂时失去方向感，然后在帮助者的搀扶下，沿着指导者设定的路线，带领盲人行走，其间不能讲话，只能用动作帮助盲人体验各种感觉。练习结束后，两人坐下来交流当盲人的感觉与帮助人的感觉，并在团体内交流。然后互换角色，再来一遍。交流主要可以从以下几个方面讨论：

1. 扮演盲人时，你看不见后是什么感觉？

2. 这使你联想到什么？

3. 你对你的伙伴的帮助是否满意，为什么？

4. 你对自己或他人有什么新的发现？

5. 作为助人者，你怎样理解你的伙伴？

6. 你是怎样想方设法帮助他的？

7. 这使你想起什么？

（二）哑口无言

目的：学会通过非语言的形式理解他人的感受。

时间：约 30 分钟。

过程：全体成员围成一个圆圈，然后闭上眼睛回忆一下这一周内生活的感受，是疲乏、兴奋，还是焦虑、烦闷。然后所有人都不要说话，用手势和表情、体态语言表达自己内心的感受，让其他成员猜想动作和表情所反映的感受是什么。

（三）优点轰炸

目的：学习发现并欣赏他人的优点，促进相互肯定和接纳。

时间：约 50 分钟。

过程：5～10 人一组，围圈坐。选一位成员做焦点人物，其他人轮流说出他的优点。然后被称赞者说出哪些优点是自己以前觉察到的，哪些是没有觉察到的。规则是必须说优点，而且态度要真诚，努力发现他人的长处，不能毫无根据地吹捧，这样反而会伤害到他人。每个人轮流做焦点人物，重复进行。

（四）信任圈

目的：增进彼此合作，建立信任感，改善团体气氛。

时间：约 25 分钟。

操作：每组 7～10 人，围成圈，邀请一位成员到中间闭上眼，双手在胸前交叉握好，其他成员手拉手围好。圈内的人闭上眼睛,问:"准备好了吗？"听到成员齐声说"准备好了！"就可以自由倒向任何一方，其他成员必须手挽手，形成小圈给予保护，不能让圈内的人摔倒。他往哪里倒，团体就往哪里去接住他，给予保护，并将他缓缓推回到中间的位置。如此倒下、接住 7～8 次，使中间的成员从紧张到放松。每个人轮流换到圈内去体验，充分感受团体的合作。

（五）同舟共济

目的：集思广益，团体合作，创新思维，努力尝试，克服困难，达成目的。

时间：约 50 分钟。

过程：把报纸铺在地上，代表大海中的一条船，现在需要团体成员 8 人同时站在船上，一个也不能少。随后让成员想方设法，使全体成员同时站在船上。行动之前团体可以充分讨论，拿出最佳方案。当任务完成后，把报纸的面积减半，继续实验。随着难度的增加，团体的凝聚力会越来越强。

（六）持球过圈

目的：通过该游戏说明，如果在团队合作中使用有创意、有创新的方法，则会提高效率，有突飞猛进的效果。

时间：30 分钟。

准备：每组一个呼啦圈，2 个足球，空地。

过程：10 ～ 14 人为一组，培训师交给每个小组 1 个呼啦圈及 2 个足球，并要求全组人都要手拿着球穿过呼啦圈。分小组进行比赛，最快完成的一组为优胜组。

每个小组有 10 分钟的练习时间，开始比赛前，让他们报出自己对完成这个任务所需要的预定时间。在第一次比赛之后，给每组 3 分钟的时间进行回顾总结，然后再进行比赛。由培训师来掌握比赛是进行 3 次还是 2 次。

完成之后，培训师可以引导成员讨论以下问题：

1. 几次比赛中最大的差别在哪里，为什么？

2. 为什么几次比赛的比分差距这么大或这么小？

3. 革新及创造力在改善动作过程中起了什么作用？

第六章　团体心理辅导技术在高校教育中的应用

团体心理辅导是一门以心理学为基础的专业知识、理论与教育实践活动。研究团体心理辅导对大学生适应能力的影响，把团体心理辅导运用到改善大学生适应能力的工作中，对创新大学生思想道德教育的方法和手段、全面提高大学生综合素质具有重要意义。

第一节　团体心理辅导在高校新生适应教育中的应用

大学生适应能力是大学生全面发展所必备的能力之一，也是大学生团体心理辅导工作重点改善的能力之一，更是加强大学生思想道德教育工作中重点培养的能力之一，有助于促进大学生思想品德社会化。通过在新生入学教育、大学生组织建设、特殊大学生群体以及课堂教学中运用团体心理辅导，可以有效地改善大学生的适应能力。

一、团体心理辅导在改善大学生适应能力中的效果

（一）团体心理辅导在改善大学生人际交往中的效果

首先，团体心理辅导具有个体辅导所不具备的优势，它通过为团体成员营造一个互动的团体环境，使成员很容易体验到彼此之间的共性和被人接纳的感受，进而充满希望和改善的力量。团体活动中，团体的凝聚力使每一名成员都有一种风雨同舟的感觉，促使他们敞开心扉，减少防卫心理，团体对每一名成员的支持和帮助更使每一名成员都感到踏实、温暖。团体心理辅导塑造了一个成员之间可以相互模仿、相互学习、相互交流的真实环境，为每一名成员提供了交往的机会，因此，特别适用于对人际关系适应不良的人。

其次，团体心理辅导方案是针对大学生在人际交往中出现的核心问题而设计的，常见问题有不善于表达，对他人持不信任态度，缺乏沟通技巧，性格孤僻、冷漠、多疑，团体意识不足，自我为中心，自卑等，制约着大学生人际交往。例如，在"相识接龙"

的活动中，要让同学们体会到主动交往的重要性，认识到逃避和压抑对健康人际关系的发展是十分不利的。有的大学生在活动后写出"朋友不像老爸老妈是生来就有的"的感受。在"信任之旅"活动中，要让同学们充分感受到相互信任的重要性，两个人只有相互信任，才能并肩战斗，成为朋友，如果互相猜疑，那么这种关系不会维持得太长久。在"扎不爆的气球"活动中，要让学生们掌握人际交往的相关技能，在与人交往时要顾及他人的感受，你想让别人怎样对你，你就需要怎样对待别人。说话办事时，不应该指责别人的短处，应该用欣赏、赞美的眼光来看。在"现任执行官"活动中，着重使大学生体会到人际交往过程中沟通的重要性，沟通不仅传递事实信息，而且也传递情感信息，信息传递是否准确，是沟通成败的关键。

成员在参加团体心理辅导后，在与人交往的信心、对自我和他人的接纳、乐观心态的培养、对他人的关心等方面都比团体心理辅导前有了显著的改善。成员在团体中能够无拘无束地展开自己的胸怀，同时还能倾听别人的声音、努力帮助他人解决困难，团体心理辅导后甚至有很多成员成了非常要好的朋友。

团体心理辅导的良好氛围能使成员产生一种安全、温暖、依赖、接纳的感受，当他们发觉团体内其他人员出现和自己类似的问题，并通过积极、努力克服问题时，便会对自己的问题改变产生动力，进而改变其观念，而这种观念改变本身就具有良好的思想道德教育意义。

（二）团体心理辅导在改善大学生学习适应中的效果

首先，高校大学生有着很好的学习基础，他们学习能力较强。但进入大学后，大学相对宽松的学习环境使得一些本身自制力差、散漫、怕苦、畏难、缺少耐心的大学生丧失了学习的兴趣和动力，部分大学生存在学习方法不当、学习策略不合理、学习时间管理不科学、学习目标不明确、学习效率低下、学习倦怠等问题。针对这些问题，团体心理辅导设计了"时间分割""性命线"等环节，通过团体心理辅导，前后对比效果显著。在团体中就成员的共性问题进行讨论，在团体动力的推动下，获得心理支持，实践社会交往技能，并通过制订一系列的方案来管理时间，管理学习，使成员之间相互监督，创建良好的学习氛围。成员对团体心理辅导的评价较高，团体心理辅导符合大学生发展的身心需求，容易被大学生接受。团体心理辅导帮助大学生解决了发展中遇到的诸多心理困惑，为他们学习新的认知与行为方式提供了良好的渠道。其次，并不是所有的成员都能够通过团体心理辅导提高学习适应能力。因此，有必要针对团体心理辅导中出现的问题，适当调整团体方案。

（三）团体心理辅导在改善大学生择业适应中的效果

首先，团体心理辅导参与者确立了明确的择业目标。在中学阶段，大学生有着明确的学习目标，即考上自己理想的大学，这个清晰的目标，激励所有大学生克服生活中的困难与诱惑。但到了大学之后，一些大学生对自己追求的目标就很不清楚，不清楚自己该考研，还是就业；以后毕业去企业做技术、做管理，还是做销售。目标的不明确使大学生在学习生活中十分忙乱，无法区别学习生活的重点，很多大学生因此而感到迷茫。通过职业生涯规划团体心理辅导可以帮助成员确立明确的择业目标，并为这个目标做好充分的设想和打算。

其次，团体心理辅导帮助大学生实现了准确的自我定位。进入重点大学后，同学大都发觉自己已经不再是高中时代教师的"宠儿"，班里优秀的同学比比皆是，面对这样巨大的反差，很多同学都曾有过失落和迷茫。在参加了生涯规划团体心理辅导后，他们开始调整自己的心态，树立理性的态度来看待未来职业生涯的发展，制订合理的目标，同时也学会了自己思考和解决问题，学会了自己规划自己的未来，增强了对未来学习、生活的信心。

（四）团体心理辅导在改善大学生情绪适应中的效果

首先，团体心理辅导为团体内的成员营造了一个非常好的环境。通过营造这样一个相互信任的环境，引导团体中的成员围绕大家关心的话题，畅所欲言，真实地表达自己的感受，在交流中学习和分享各自的观点，达到提升自己的目的，成员在团体内能够充分得到尊重，从而使大学生的情绪适应和满意度有所提高。

其次，在团体心理辅导过程中，成员可以宣泄情绪、相互交流。在团体中，可以将他人作为自我的参照物，可以从其他成员的身上看到与自己相似的经历。同时也可以帮助成员了解自己的不足之处，使成员可以通过不同的角度观察自己，从而获得思想的感悟和提升，这样既能增强自我的归属感和认同感，还能在释放情感的同时，对他人的情感给予理解和支持，也就是在接纳自己的同时，也接纳了别人。

二、加强团体心理辅导在新生入学教育中的运用

刚跨入大学校门的新生正处在人生的重要转折时期，面对陌生的环境和未知的生活，理想与现实的落差，当初的新奇、兴奋、愉快逐渐消退，焦虑、受挫、担忧接踵而来。如果大学新生在这一阶段不能够很好地适应，就会在以后的学习生活中出现目标迷失等一系列问题，直接影响大学生的生活质量。

（一）运用团体心理辅导缩短新生的入学适应期

通过在新生入学教育中运用团体心理辅导，发挥团体心理辅导的特殊作用，团体中的每一名成员经过互动，向彼此介绍自己，相互认识，进而诉说自己的喜怒哀乐，增进团体成员之间的感情和思想交流，打破新同学之间的陌生感，帮助新生建立良好的人际关系。同时，强化感恩意识、责任意识，培养自主的行为习惯，强化团体意识、合作意识，使每一名新同学都能得到别人的关怀和支持，促进同学之间的沟通和交流，使其对未来的大学生活充满信心，进而更快地熟悉和适应新的环境，早日全身心地投入到大学的学习生活中，缩短入学适应期。

（二）运用团体心理辅导解决新生中存在的共性问题

大学新生大都处于同一个年龄阶段，他们在学习、生活、人际交往、自我意识及情感活动的适应过程中遇到的问题和困惑，从总体上呈现出一种普遍性和规律性。团体心理辅导的形式具有开放、活泼、生动等特点，对大学生特别是大学新生具有强烈的吸引力，参与的积极性较高。因此，运用团体心理辅导来解决大学新生中存在的一些共性问题是合理、有效的。在活动的过程中，团体中的每个成员在接受来自团体另一名成员帮助的同时，也可以成为帮助其他人的力量。此外，成员可以同时学习模仿多个团体成员的适应行为，从多个角度了解自己、洞察自己，帮助大学新生解决他们共同面临的困扰。

三、加强团体心理辅导在大学生思想建设中的运用

大学生思想建设是帮助大学生完成社会化的重要途径，加强团体心理辅导在大学生思想建设中的运用，对大学生适应未来的社会角色发挥着重要作用。

（一）加强团体心理辅导在思想道德课程教学中的运用

大学生适应能力不仅要在实践活动中改善，也要在课堂教学中加以改善。目前的大学生思想道德课堂通过教学改革，已经改变了传统的单一的授课方式，增加了小班讨论课，增加了教师与大学生的互动环节，已经得到了较好的教学效果，但仍有部分大学生缺乏学习主动性。为此，可以将团体心理辅导引入课堂教学，提高大学生的学习主动性，在体验、互动中引导大学生成长，完善大学生的基本素质，提高大学生的适应能力。目前的大学生思想道德课程大多都同时具有理论性和实践性，对于课程中的实践性内容完全可以运用团体心理辅导的方式进行。

团体心理辅导是一项较为适合大学生特点的团体活动。在团体心理辅导过程中，不但有丰富多彩的游戏，而且还有同学间的感悟分享、理论探讨等环节，这种在活动中进行的交流是同学们愿意接受的，是他们通过自己的所思所想得到的，因此很容易消化成

自己的观点，进而指导自己的行为。团体心理辅导在思想道德课堂教学中的引入将打破以往的固有模式，建立和谐、平等的师生关系，真正搭建以大学生为中心的课堂，使大学生获得的知识更加深刻，这将极大地增强思想道德课堂教学的开放性与实效性。同时，也将弥补传统思想道德教学的不足，不但可以使大学生在团体中正确地认识思想道德知识，而且可以在活动中将道德知识转化为行为习惯，真正达到高校思想道德课教学"育人"的目的。

（二）加强团体心理辅导在大学班级建设中的运用

班级是学校开展各项教育活动的最基本的单位，也是大学生思想建设的基础平台，一个学校的管理是以班级为依托进行的，班级建设对于大学生适应能力的改善有着深远的影响，一个优秀班级的形成一定会经历一个艰难而又细致的培养过程。当前高校班级较为普遍地存在着凝聚力、归属感缺乏的问题，导致高校班级的教育功能、管理功能日益弱化。如果在班级教育管理中，尝试把班集体作为一个"辅导团体"，引入团体心理辅导的理念和技术，结合辅导目的，通过一系列快乐而又有意义的游戏和活动，让大学生形成自尊、接纳、合群的心理品质，一方面可以达到团体心理辅导的目的，另一方面也有助于营造一个民主、平等、和谐的班集体氛围，促进同学之间的交流，形成良好的班风，促进大学生个体和班级团体共同成长。

（三）加强团体心理辅导在党团组织建设中的运用

党团组织是大学校园中最重要的组织，是大学校园内开展各式各样活动的中坚力量，也是培养大学生适应能力的重要载体之一。一些形式单调、缺乏吸引力的活动使党团组织的影响力和参与度都大打折扣。团体心理辅导的引入则可以很好地改善这一状况，通过借助团体心理辅导来开展党团组织活动，让广大党团员告别枯燥、单调的开会形式，转而在寓教于乐的游戏中学到有用的知识，改变个人的思想和行为，使党团组织的战斗力和凝聚力得到极大的提升。

四、加强团体心理辅导在特殊学生群体中的运用

学校中的贫困生、学业困难生等特殊学生群体一直是大学思想道德教育工作的重点和难点，相对于普通同学而言，他们大都在适应大学学习、生活方面存在着一定的问题。为了较好地解决这一问题，针对这些特殊学生群体组织开展一些有针对性的团体心理辅导，在活动中引导贫困生消除在陌生环境中的紧张感、焦虑感，增进成员间的相互交流、理解与信任，增进对未来生活的信心；引导学业困难生在团队的感召下，在日常生活中共同监督、鼓励和学习，产生情感的共鸣，达成共同的目标，对未来学业充满信心。

（一）运用团体心理辅导改善贫困生的心理状况

从目前贫困生心理健康研究的结果看，贫困生的心理问题主要表现为自卑、人际交往障碍、抑郁、强迫、焦虑、偏执等。因此，应通过设计目标明确的团体心理辅导，并根据目标有针对性地选择最适合解决该问题的活动项目，引导团体成员参与活动，鼓励成员发表看法，启发贫困生进行思考。使他们能够正确认识贫困问题，全面了解自己，客观地评价、欣赏自己，做到自尊、自信、自强，真正地融入大学生活。

（二）运用团体心理辅导促进学业困难生的成长

学业困难群体在大学中占有一定的比例，是大学生中一个特殊的群体，他们往往在学习、道德品质和遵守纪律等方面存在一些问题。对学困生若教育不当，则不利于他们的健康成长，对学校、家庭和社会都会产生不良影响。然而学困生与普通学生的差距并非与生俱来，只不过是在成长过程中受到某些不良影响而形成的，如果教育者能够深入地审视学困生个体身上的闪光点，适时地采用合理的方法加以引导，就可以为学困生搭建成功的舞台。

团体心理辅导是促进学困生成长的一种有效手段。在团体心理辅导过程中，教师不是简单地说教，而是通过活动引导大学生参与。通过教师的尊重和鼓励引导大学生表达自己的观点，并通过大学生之间的交流、互动与分享，使大学生自己作出选择，得出结论，从而改变成员对成败的认知，使他们认识到能力与努力对成功的重要性，使他们明确不同归因会带来的不同的情绪反应，从而学会处理和控制情绪，提高学习效率。要让成员们明确消极的认知观会带来消极的情绪和行为，引导其将不良情绪宣泄出来，让成员们了解自己的能力，帮助学生找出自己学习方面的优势，通过提供相近的学习科目方面的成功经验，让学生产生积极的信念。

尽管运用团体心理辅导改善大学生的适应能力具有很多的优越性，但我们也必须清醒地意识到，团体心理辅导也不能完全替代现有的思想道德教育。团体心理辅导对参与人数和时间有着严格的限制，对场地也有着较高的要求，尤其是对团体心理辅导教师的素质和能力有着严格的要求。其实，对于当前形势下的高校思想道德教育不宜采取单独的某种工作方式，而应该博采众长，用开放的态度和与时俱进的工作理念从容地应对当前高校思想道德教育工作的新形势，从而更好地促进大学生适应能力的提高。

总之，将团体心理辅导融入思想道德教育工作中，进而改善大学生的适应能力，是当代思想道德教育工作者的机遇和挑战，而思想道德教育工作者只有迎接挑战，不断完善自己，才能在接下来的工作中创造新的辉煌。

第二节　团体心理辅导在高校学生情绪管理中的运用

情绪管理是从尊重人、依靠人、发展人和完善人出发，提高人们对情绪的自觉意识，控制情绪低潮，保持乐观心态，不断自我激励、自我完善。情绪管理对人们具有相当重要的意义，它不仅有利于建立和谐的人际关系、促进人们的身心健康，还有利于开发身心潜能，塑造健全人格。大学生正处在情绪发展的两极性与矛盾性并存的阶段，特别需要情绪管理，大学生情绪管理团体心理辅导是帮助大学生发展情绪管理能力的发展型团体心理辅导，要组织好这类团体心理辅导活动，必须掌握情绪及情绪管理的理论，把握大学生情绪管理团体心理辅导应注意的问题，并了解有关情绪的自我测试和情绪管理团体心理辅导的结构性练习。

一、情绪管理概述

情绪管理是心理学研究中的一个新话题，要了解情绪管理，首先应大体了解关于情绪及情绪管理的心理学理论，并把握情绪、情感的概念和内容以及情绪管理的概念、内容和作用。情绪和情感是人类心理过程的一个重要方面，它伴随着认知过程而产生，并对认知过程产生重大影响，它也是人们对客观现实的一种反映形式。

（一）情绪和情感的概念

情绪和情感是客观事物是否符合人的需要、愿望、观点而产生的态度体验，人们在活动与认识过程中，既表现出对事物的态度，也表现出这样或那样的情绪或情感。现实中有些事物使人高兴、快乐，有些事物使人忧愁、悲伤，有些事物使人赞叹、喜爱，有些事物使人惊恐、厌恶。这些以特殊方式表现出来的主观感受或态度体验就是情绪或情感。

同是人对客观事物的反映形式，情绪和情感不同于认知过程。认知过程是人对客观事物本身的反映，而情绪和情感反应的则是客观事物与人的主观需要之间的关系，是一种主观的体验。对客观事物产生什么样的情绪，取决于主体与客体事物之间是一种什么样的关系，取决于主体的态度。不同的人对同样的事物，或者同一个人在不同的时间、地点和条件下对同一件事的主观感受可能很不相同。

情绪是由某种刺激引起的。自然环境、社会环境以及人自身都有可能成为情绪刺激源。当刺激被认知时，由于认知内容与人的需要具有各种不同的关系，就产生了人对认知内容的不同态度。凡是能满足人的需要或符合人的愿望、观点的客观事物，就使人产生愉快、喜爱等肯定的情绪和情感的体验；凡是不符合人的需要或违背人的愿望、观点的客观事物，就使人产生烦闷、厌恶等否定的情绪和情感的体验。情绪和情感是人对客观事物的态度体验，而这种态度体验反映着客观事物与人的需要之间的关系。

情绪和情感都是对需要满足状况的心理反应，同属于感情性心理活动的范畴，是同一过程的两个方面。情感是对感情性过程的体验和感受，情绪是这一体验和感受状态的活动过程。情绪与情感有着明显的区别，但又密不可分，它们之间的区别表现在以下几个方面：

第一，情绪与情感的产生基础不同。情绪是与生理需要是否得到满足相联系的心理活动，情绪的产生始终与需要（特别是生理需要）、机体的活动、感觉知觉相关联。情绪是原始的，是人和动物（尤其是高级动物）所共有的。情感是与社会性需要是否得到满足相联系的心理活动，情感的产生主要与社会认知、理性观念及观点等相联系，是人类特有的心理活动。情感带有显著的社会历史制约性，是人的社会化的重要组成部分和标志。例如，饥饿时有了食物吃会很高兴，但我们不能说他产生了热爱食物的情感。

第二，情绪与情感的稳定性不同。情绪具有情境性和浅表性，它随情境或一时需要的出现而发生，也随情境的变迁或需要的满足而较快地减弱或消逝。而情感是对事物态度的反映，是基于对主观和客观关系的概括而深入的认知和一贯的态度，它不仅具有情境性，而且具有稳定性和深刻性，因而是构成个性心理品质中稳定的成分。

第三，情绪与情感的表现特点不同。情绪表现有明显的冲动性和外显性，面部表情是情绪的主要表现形式。例如，高兴时眉开眼笑，生气时咬牙切齿，激动时热泪盈眶，失望时垂头丧气，等等。而情感则显得比较深，经常以内隐的形式存在或以微妙的方式流露出来。例如，爱国主义情感是一种内心体验，一般不轻易表露，但对人的行为有重要的调节作用。

人类的情绪和情感虽有区别，但二者又是密不可分的。它们都是对需要是否满足所产生的体验，是同一类型的心理活动，在一定意义上，可以认为情绪是情感的外部表现，情感是情绪的本质内容。一般地说，情感的产生会伴随情绪反应，情绪的变化又常常受情感支配。有些心理学家把形形色色的情绪和情感统称为感情，也有些心理学家对情绪和情感两个概念不进行严格区分，常常交换使用。

（二）情绪和情感的特点

情绪与情感最显著的特点是它们都具有两极性。情绪和情感有四种动力特征，即强度、紧张度、快感度和复杂度，在这四种动力特征中，情绪和情感都表现出相互对立的两极性。例如，情绪的强度方面有强和弱两极，紧张度方面有紧张和放松两极，快感度方面有愉快和不愉快两极，复杂度方面有复杂和简单两极。

关于强度。情绪体验可以在强度的两极端"强—弱"之间有不同等级的变化。情绪体验的强度首先取决于对象对人所具有的意义，这种意义越大，引起的情绪就愈强烈。

关于紧张度。情绪的紧张度是指情绪在"紧张—轻松"两个极端之间的变化。紧张度既取决于当前事件的紧迫性，也取决于人的心理准备状态和个体的个性品质。事情的成败对人越重要，则关键时刻到来时的情绪就越紧张，当紧急事件得到妥善解决之后，人们常有轻松感。紧张一般有助于全部精力的动员和集中，它可能对活动产生有利的影响，也可能起抑制作用而使动作失调，从而妨碍活动的正常进行。

关于快感度。快感度是指情绪体验在"快乐—不快乐"两个极端之间程度上的差异。悲伤、羞耻、恐惧、悔恨等是明显的不快乐的体验；而欢喜、骄傲、满意、自豪等是明显的快乐的感受。快感度与需要是否得到满足有关，事物能满足人的需要，会引起快乐的体验；不能满足需要的事物或与需要相抵触的事物，会引起不快乐的体验。

关于复杂度。各种情感的复杂程度是很不一样的。例如，爱，包含柔情和快乐的成分；恨，包含愤怒、惧怕、厌恶等成分。有时，情感的成分非常复杂，甚至很难用言语来描述它到底是一种什么样的体验；而有的情感是很单纯的。现代心理学上，把快乐、悲哀、恐惧、愤怒看作单纯的情绪，称为基本情绪或原始情绪，在这四种最基本的情绪的基础上，可以派生出许多种不同情感的组合形式，也可以赋予不同含义的社会内容。

（三）情绪和情感的种类

人的一切心理活动都带有情绪色彩，而且情绪的表现形式多种多样。快乐、愤怒、恐惧和悲哀是四种最基本的情绪，依情绪发生的强度、持续性和紧张度可以把情绪状态分为心境、激情和应激，而情感则与人的社会观念及评价体系分不开，按其内容、性质和表现方面的不同，又可分为道德感、理智感和美感。

1. 基本情绪

快乐、愤怒、恐惧和悲哀这四种基本情绪是与人的基本需要相联系的。

快乐是个人目的达到，紧张解除后的情绪体验。快乐的程度和紧张程度取决于目的的重要程度和目的达到的意外程度，如果追求的目的非常重要，并且目的的达到带有突然性，则会引起异常的欢乐，否则只能引起微小的满意。一般我们把快乐程度分为：满意、愉快、异常的欢乐、狂喜。

愤怒是个人目的不能达到或一再受到妨碍从而逐渐积累起紧张而产生的情绪。挫折不一定引起人的愤怒，但当人们认为其受挫的阻挠是不合理的，甚至是恶意的，则最容易引起愤怒。一般我们把愤怒的程度分为：轻微的不满、生气、愠怒、大怒、暴怒等。

恐惧是个人企图摆脱、逃避某种情景而又无能为力时所产生的情绪。恐惧是一种会使个体企图摆脱和逃避危险的情绪，引起恐惧的关键因素是人缺乏处理可怕情境的力量。恐惧具有很强的感染力，一个人在恐惧时，往往会引起周围人的不安和恐惧。从进化的观点看，惧怕可以作为警戒信号，有助于人逃避危险，还有利于群体的社会结合以保证安全，但惧怕具有压抑作用，对认知活动也有消极影响，严重的惧怕会使感知狭窄，思维刻板，行动呆板。

悲哀是个人在失去所盼望的、所追求的或有价值的东西时所引起的情绪，由悲哀所带来的紧张释放产生哭泣，哭泣一般不超过 15 分钟，在这段时间内完全可以减轻过度的紧张。悲哀的强度取决于失去事物的价值，失去的东西价值越大，引起的悲哀也越强烈。一般我们把悲哀的程度分为：遗憾、失望、难过、悲伤、悲痛。

2. 情绪状态

情绪状态可以分为心境、激情和应激三种。心境是一种微弱、平静而持续时间较长的情绪状态。例如，心情愉快、舒畅或心情烦闷、抑郁不快，在一个相当长的时间内持续下来，这种情绪状态倾向于扩散和蔓延，处在某种心境中的人，往往以同样的情绪状态看待一切事物。心境可以由对人具有某种意义的各种情况所引起，工作的顺逆、事业的成败、人们相处的关系、健康状态，甚至自然环境的影响，都可以成为引起某种心境的原因。关于引起心境的原因人们并不都能意识到，所以经常可以听到这样的说法："不知道为什么这几天这么烦闷。"心境虽然由客观事物引起，但它还受人的主观意识的调节和支配。除了由当前情境产生暂时的心境外，人还可以有各自独特、稳定的心境或称主导性心境，主导性心境往往与一个人的人生观密切相关。心境在人的现实生活中有重要的意义，积极的、良好的、乐观的心境能使人精神振奋，促进人的主观能动性的发挥，有益于人的健康，也有利于思想道德教育的接受；消极的不良心境会使人精神萎靡、意志消沉，降低人的活动效率，有碍于健康，也不利于思想道德教育的有效开展。

激情是一种强烈、短暂，然而具有爆发性的情绪状态。狂喜、愤怒、恐惧、绝望等都属于这种情绪状态，激情是由对人具有重大意义的强烈刺激和发生对立意向冲突而过度抑制或兴奋所引起。在激情状态下，总是伴有激烈的内部器官活动变化和明显的表情、动作。例如，愤怒时全身发抖，紧握拳头；恐惧时毛骨悚然，面如土色；狂喜时手舞足蹈，欢呼跳跃。激情的发展大致要经历三个阶段：一是初始阶段，由于意志力减弱，身体变化和表情、动作越来越失去控制，高度紧张使细微的动作发生混乱，这时人的行为受情绪体验和控制能力所左右。二是爆发阶段，人失去意志的监督，发生了不可控制的动作和失去理智的行为。三是激情爆发后的平息阶段，这时会出现平静和疲劳现象，严重时甚至精力衰竭。

控制激情是完全可能的。在激情发生的最初阶段有意识地加以控制，能将危害性减轻到最低限度。激情的意义是由它的社会价值决定的，激情有积极的和消极的两种，凡能激发人积极向上、符合社会要求的激情是积极的，这种激情通常与冷静的理智和坚强的意志相联系，能够成为推动人的活动的动力；凡对机体有害的、不符合社会要求的激情是消极的。

应激是出乎意料的紧张情况下出现的情绪状态，是人对意外的环境刺激作出的适应性反应。人们在不寻常的紧张状况下把自身各种资源（首先是内分泌资源）都动员起来，以应付紧张的局面时所产生的复杂的生理和心理反应都属于应激状态。应激状态对人的活动有很大的影响。有时应激引起的身心紧张有利于人全力解决紧急问题，维持一定的紧张度，保持高度警觉，有助于认知功能的发挥，使人做出平时所不能做出的大胆判断和动作。但有时应激所造成的高度紧张又会阻碍认知功能的正常发挥。紧张和惊恐也会导致人们的感知、注意产生局限，思维迟滞，行动刻板，正常处理事件的能力反而大大削弱。应激状态会改变机体的激活水平，特别是肌肉的紧张度、血压、腺体的分泌、心率、呼吸系统都有明显的变化，这些反应有助于个体适应急剧变化的环境刺激，维护机体功能的完整性。但是，长期处于应激状态也会引起人体生物化学保护机制的变化，会导致某些疾病的出现。

二、大学生情绪管理团体心理辅导的注意事项

进行大学生情绪管理团体心理辅导必须了解大学生的情绪特征和常见的情绪困扰，提高大学生对自己和对他人的情绪认知能力，指导他们培养良好情绪的方法，着力辅导大学生，使他们学会调控情绪，并锤炼他们对挫折的承受力。

（一）要了解大学生的情绪特征和常见困扰

大学生正处在青年时期，他们的情绪与其整个心理过程一样正处于蓬勃发展的时期，即由不成熟迅速走向成熟的重要时期，并且情绪的成熟比其认知的成熟较晚一些。大学生情绪最基本的特征是两极性和矛盾性。

大学生情绪的两极性是指情绪容易从一个极端跳到另一个极端，大起大落，摇摆不定，跌宕起伏。表现在苦恼时受到激励则为之振奋；热情洋溢时受到挫折则易灰心丧气，有时常常对事物作出要么"好"、要么"坏"的绝对评价。在求知情绪上，表现为如果他们在追求知识方面取得效果，则越学越有兴趣，越学越有劲，如考上研究生、知识竞

赛获大奖、出国留学等；反之，则悲伤、沮丧、压抑。在求友、求爱的情绪上，表现为如果找到心爱的对象，恋爱顺利并成功，就会快乐、高兴；若遭遇失恋，就会产生悲伤的情绪，甚至失望、绝望。

大学生情绪的矛盾性是大学生的生理与心理的矛盾、个人需要与社会满足间的矛盾、理想与现实差距的矛盾、理想的我与现实的我的矛盾等，种种矛盾冲突带来的情绪上的反应。因此，情绪的两极性是情绪矛盾性的外化和表现形态，而这种情绪矛盾性的极端形式就是情绪的两极性。

情绪的两极性、矛盾性，往往使大学生的情绪呈现出如下特点：

一是情绪体验丰富多彩。一方面，大学生处在心理未成熟向成熟发展的过渡期，他们的情绪表现出既有儿童少年时期残留下来的天真、幼稚，又有成年期的深思熟虑，而两性情感的介入更使大学生的情绪表现得多姿多彩。一般认为，随着年龄增长，年级升高，社会性情感越趋丰富，更多地表现出关心他人和社会，积极思索人生的情感倾向。另一方面，不同的个体在情感发展、情绪表现上呈现出一定的差异性，男女的情绪各有自己的特点。这就使大学生这一群体的情绪体验表现出丰富多彩的特征。

二是情绪波动较大。随着认知水平的提高，知识经验的积累，大学生对自己的情绪已有了一定的控制能力，情绪趋于稳定。但同成年人相比，大学生的情绪仍带有明显的波动性，时而激动时而平静，时而积极时而消极。学习成绩的优劣、同学关系的好坏、恋爱的成败等，都会引起大学生情绪的波动。

三是情绪体验强烈并易冲动。大学生在外界刺激下表现出强烈的情绪体验，很容易产生冲动性情绪行为，表现得感情用事，也表现出情绪易心境化。例如，在心境平静时，对别人的玩笑会无所谓，而在心情烦躁时，就会因开玩笑、小事情发起猛烈攻击，大学生中发生打架斗殴事件的原因大多在此。

（二）要提高大学生的情绪认知能力

大学生情绪管理团体心理辅导的重要任务之一，是提高大学生的情绪认知能力。情绪认知是情绪管理的基础和前提，也可以说是第一步，因为没有对情绪的认识，就谈不上对情绪的管理了。情绪认知能力包括两个方面：一是对自己情绪的觉察能力，二是对他人情绪的识别能力。

1. 提高对自己情绪的觉察能力

情绪属于一种自发性的反应，要用理智去控制它的发生很难，因此我们进行情绪管理的第一步，就是在情绪来临时，去观察并觉察自己到底处在什么情绪状态，并进一步分化、辨识它，了解情绪发生的原因，恰当地表达出自己的感受。

提高对自己情绪的觉察能力，首先是运用内省法，知道自己的感受即表面情绪，并分化、辨识表面情绪背后真正的需求和情绪感受，然后平静地接纳它。这就要求我们：

第一，应能及时觉察自己所处的情绪状态。也就是应时时提醒自己注意，我现在的情绪是什么？不管你处在何种负面情绪中，先暂停、中断目前的情绪，跳出来，让自己先能察觉自己的情绪，是高兴还是生气，是舒服还是不舒服。例如，当你因为朋友约会迟到而对他冷言冷语时，就应问问自己，我现在有什么感觉？应自我确认冷言冷语背后的情绪是生气。只有当我们认清自己的情绪，知道自己现在的感受时，才有机会掌握情绪，而不会被情绪左右。

第二，应分化辨识表面情绪背后的真实情绪感受。由于情绪本身的复杂多变，我们所直接感受或表现出来的可能是已经包装或伪装的情绪，如以生气的方式来掩藏内心受伤的感觉等，所以我们要学习分化并辨识我们真正感受到的情绪，而不被表面情绪局限，忽略自己真正的需求或感受。当我们对情绪不够熟悉，或是不够了解的时候，常常无法明确地辨识我们所感受到的情绪。例如，有时候我们只能粗略地感受到不舒服、不愉快，至于那个"不舒服"是什么，却说不上来，这时候我们就需要进一步探索情绪，试着问自己，是什么让我感到不舒服？这不舒服是愤怒、悲伤、挫折、害怕、羞耻还是罪恶感？如果是接近愤怒的感觉，是不平、不满、有敌意、生气，还是愤慨呢？如果是羞耻那类的情绪，是觉得愧疚、尴尬、懊悔还是耻辱？这样一步一步引导自己，就可以将原本模糊、笼统的情绪，分化成比较具体、明确的情绪，也能进一步利用情绪所带来的线索，加以应对。

第三，还应进一步澄清我们的复杂情绪，以便清晰了解我们所处的情绪状态。通常我们是处在一种复杂的情绪状态中，如有时我们会心中意念纷扰、情绪五味杂陈，整个人心烦意乱，此时，我们就必须暂停并中断目前的情绪，冷静地进行澄清。只要情绪中夹杂着两种以上的复杂情绪，就需要进一步加以澄清，应将那些纠葛、混合的情绪抽丝剥茧，辨识出隐藏的真实情绪，理清一层层的情绪，就能比较清楚自己的情绪状态，对症下药，有效解决真正的问题。澄清情绪还能帮助我们将注意力集中于内省，有安定情绪的作用。

2. 提高对他人情绪的识别能力

提高对他人情绪的识别能力，有助于清晰地认知自己的情绪，更好地管理自己的情绪，建立良好的人际关系，进而促进身心健康。如何提高对他人情绪的识别能力呢？

首先要了解人类情绪表现即表情的特点。表情既具有先天遗传性，又受后天社会文化因素的制约。表情是情绪所特有的外显行为，它包括情绪在面部、言语和身体姿态上的表现，称为面部表情、言语表情和身段表情。情绪表现具有先天遗传性。一项研究把代表快乐、愤怒、厌恶、恐惧和惊奇的面部表情的照片给五种不同文化的人（美国人、巴西人、智利人、阿根廷人和日本人）观看，结果表明，他们很容易指出每种表情所代表的情绪。虽然基本情绪的表现具有先天遗传性，但它们的具体表露却受社会文化因素的制约，特别是复杂情绪的表露。由于我们的情绪表现能被别人识别，而情绪表现又具有一定的社会价值，因此，在什么情况下表示何种情绪是人们后天学会的。有时我们力图掩盖自己的真正情绪，有时甚至故意表现和内心情绪不一致的表情，有时则力图夸大或修饰我们的表情，这些现象称为情绪表露规则。尽管伴随特定情绪的面部肌肉运动模式是由生理决定的，但这种运动显然是受表露规则控制的，受社会文化因素制约的。情绪识别实际上并不是针对表情本身的，而是针对着它背后的意义，情绪识别是一种复杂的认知过程，包含观察、分析、判断、推理等。

其次要把握情绪识别的规律性。如何准确识别别人的情绪呢？情绪识别的准确度受多种因素的影响。一是从面部表情中识别，从面部识别情绪的主要线索并不在"眉目之间"，而应特别借助面部那些活动性更大的肌肉群的运动来识别。二是有些情绪容易识别，有些则较难识别，一般来说，快乐和愤怒最容易识别，而对恐惧、哀痛、厌恶等的识别较困难。三是从情绪行为的前后关系中识别情绪，准确度高；而孤立地识别情绪，准确度低。四是面部表情的识别如果能和身段表情结合起来，那就更有利于准确地判断情绪状态。识别身段表情，其中双手的表情占着很重要的地位；识别双手表达情绪的准确度，可以达到和识别面部表情一样的水平。在日常生活中，即使我们看不清一个人的面孔，但只要能看清他的身体动作，也能了解其情绪状态，如发抖表示紧张，鼓掌表示欢迎、快乐，紧握拳头表示愤怒，等等。五是言语表情的重要性也不可低估。同样一句话，说话者的口气腔调不同，往往可以使人就说话人的情绪作出准确的识别，而听话人的感受也因此而有很大差异。六是要准确地识别一个人的情绪单凭表情是不充分的，正常成年人的情绪表现是可以随意调节的，情绪可以在没有表情的情况下生产，表情也可以在没有情绪体验的情况下出现。因此，必须结合其他指标（如当时的情境，这个人的个性特征等）综合地进行比较才能识别。

3. 要着力辅导大学生学会调控情绪

情绪对人的发展具有极大的影响，情绪的调控不仅与身心健康密切相关，而且与一个人能否适应社会、获得事业成功和更好地享受生活有紧密的联系。

但是对于情绪的调节和控制，并不等于简单的压抑。真正健康、高度发展和成熟的人能尽量避免不良情绪的出现，使自己经常处于良好的情绪状态。要做到自如地调控自己的情绪，必须了解情绪控制的可能性，并学习一些情绪自我调控的方法。情绪不易控制，但并不是不可控制的，我们可以从以下影响情绪变化的因素中来把握情绪调控的可能性。

第一，从影响情绪的主观因素和客观因素看。情绪是由客观刺激引起的主观体验，可见客观的事物与主观的信念同时影响着人们情绪的变化，因此，要改变一种情绪，便可以从两个方面入手，即要么改变客观事物的性质，要么改变内心主观认知的倾向，客观事物的性质，有的是能被人们改变的，如将失败转变为成功，情绪就会由悲转喜；把危险解除，恐惧就会消失；将重要的任务圆满完成，紧张就会变为轻松；找到知心朋友，孤独就被温暖代替。而有的客观事物是不能被人们改变的，如"天有不测风云"，下雨的天气可能影响情绪，但天气是不会改变的，等等。主观认知和理念则是可以改变的，如把失望看作为成功交学费，沮丧就会转为振奋；把沉重的任务、艰难的工作看作锻炼自己的机会，压抑就会变为兴奋；不用想象中的灾难和不幸吓唬自己，恐惧就会大大减轻；领悟了世间有些路必须一个人去走，就可能学会在一定程度上享受孤独。

第二，从影响情绪的先天因素和后天因素来看。每个人的确存在被先天因素决定的比较稳定的情绪反应倾向，同时也有在后天环境中通过学习获得的，可以加以改造的情绪反应倾向。影响情绪的先天因素主要有两种：一种是人的气质类型，它决定着人们的情绪反应倾向，这是不易改变的，正如俗语所说，"江山易改，本性难移"，但人们可以通过了解自己的情绪倾向，接纳自己的现状，并设法扬长避短；另一种是与情绪有关的一些生理需要和感官刺激，如饮食、睡眠、性需要以及温度、光线、色彩、声音、气味、触摸、运动等刺激。当人们的基本生理需要得到了适当满足时，就会产生愉快、轻松、平静等情绪，如果这些需要没有得到满足，就会产生痛苦、压抑、不安等情绪。这些生理需要和感官刺激可以通过满足某些生理需要使情绪得到改善，影响情绪的后天因素则完全可以被人加以利用或改变。有很多情绪都是后天习得的，如乐观、沉稳、奋发、同情、勇敢、自豪、嫉妒、恐怖等，再如父母恐吓孩子"天黑不要出去，外面有大灰狼""不听话就带你去打针"，久而久之，孩子会对天黑和打针这些对人们本来无所谓的事物产生恐惧，心理学家称这是习得的恐惧。人们所处的环境、受到的教育、社会家庭的影响、个人的生活经历，都可能导致人们情绪倾向的明显改变，一场致命的打击也许会使一个人自暴自弃，从此一蹶不振；而一个一向容易紧张的人在实现了一次从未有过的成功的自我表现之后，也许会变得坦然、镇定很多。这些后天因素都是可以被创造、利用或改变的。

第三节　团体心理辅导在高校课程教育中的应用

近年来，由于我国各个高校团体心理辅导逐渐深入发展，大量教育工作者已经认识到只把贫困生、学困生作为团体心理辅导的主要对象是远远不够的。因此，对高校大学生来说，其团体心理辅导要从传统补救性模式向发展性模式转变。在 20 世纪 90 年代，团体心理辅导开始传入中国，各个高校对团体心理辅导工作引起了高度重视，这对大学生今后的发展产生了一定的影响。

一、团体心理辅导在课程中的运用

（一）团体心理辅导的内容

当前，高校的团体心理辅导根据大学生的定义及需求分为压力、情绪、时间管理、人际关系、生涯规划等方面的内容。

1. 压力管理团体

压力是人自身的内心冲突及与此伴随而来的强烈的情绪体验，是一种认知行为体验，由心理压力源及对压力的反应共同构成。在日常生活中，我们处处都会遇到及体会到不同的压力，尤其是大学生群体，同时需要处理学习、就业、生活、经济等各方面的压力。所谓的压力管理就是假设人们需要正面面对压力，不仅不能被它打败，还要学着战胜它。心理学家相信人的思维和行为都可以直接对人的压力感受产生影响，人们对事物本身的评价才是决定压力影响的关键。利用压力团体心理辅导不仅能使大学生正面认知和感受压力，还能教会他们怎样给自己减压，最终学会并掌握压力管理的有效方法，提高大学生承受挫折的能力，增强他们的自信心，让他们保持积极向上的生活态度，勇敢地笑对生活。

2. 情绪管理团体

情绪是人们对感觉、思想、行为方面产生的心理和生理上的状态的主观认知。情绪管理则是先引导个体认识自身及他人的情绪，进而协调、互动，最后达到控制情绪的目的，这个过程可以培养个体自身的情商及控制自身情绪的能力，还能逐渐稳定他们自身的情绪状态。近年来，抑郁、恐惧、愤怒、焦虑、自卑这些不良情绪对大学生的影响越来越大，有的甚至已经对部分大学生的学习和生活产生了不良影响，如果任由其发展下去，这些情绪还会导致一些身心疾病。通过情绪管理的团体心理辅导，一方面，让大学生自身对情绪有一个完整和深入的认知；另一方面，让大学生更能敏锐感知自身的情绪变化，也能理解到控制情绪对自身各方面发展的重要作用。当然，合理地发泄不良情绪，利用一些心理学技巧及时调整自己的情绪，都是体现自身情绪管理能力的方法。

3. 时间管理团体

时间对于每个人而言，都很珍贵。如何有效地利用时间，对时间实行有效管理？我们首先要对准备做的事情及时间有一个大概的规划，根据一些规划技巧和方法来完成既定目标。刚刚从高中进入大学的大学生，面对突然变多的可自由支配的时间，往往会感到迷茫，不知如何规划，很多大学生因此沉迷网络游戏、热衷社团及社会活动，无法有效地利用时间。对大学生进行时间管理团体心理辅导，引导他们确定自身的价值观和目标，根据对任务等级的排序，按该等级处理每件计划事件，这样可以帮助大学生形成自己的时间管理模式。

4. 人际交往团体

大学生大多处在对人际交往的渴求和理解的心理发展时期，心理健康水平也受到人际关系健康的影响。在人际关系中，他们要求平等，注重精神世界，人际关系较和谐的大学生能从中获取安全感和归属感，也能得到精神愉悦感，从而提高心理健康水平；而人际关系有障碍的大学生则会在交往过程中产生很多抑郁、紧张、焦虑、压抑的不良情绪，或因为孤独、寂寞导致身心都受到损害。在大学生的人际交往团体心理辅导过程中，指导者可以通过这个过程使大学生对自己人际交往中存在的问题有更深的认识，改正一些自己的认知偏见，学习如何与人建立良好、和谐的关系，提高人际交往的能力，促进身心健康发展。其中，团体活动包含对自己人际关系的认识、对团体成员的认知和接纳、自我肯定、倾听训练、学会欣赏及赞美他人等。

5. 生涯规划团体

大学生生涯规划是根据每个人的兴趣、爱好、人格，同时结合自身的专业特点和知识结构，给自己未来的工作和生活方向进行一个初步的设想和设计，这有利于认识自我、了解自我，明确自己的方向及人生目标。大学生涯规划团体心理辅导包括对自我的深入认识、对自我未知能力的探索、对自己内心兴趣的探索、对自己未来职业和生活的规划。通过辅导帮助大学生提高心理适应能力与工作能力，更快、更好地适应职位及社会对其提出的要求，帮助大学生加深对自己的了解、对社会和职业的认知，明确自己的职业发展之路，提高求职技巧，合理入职上岗，尽快完成从"象牙塔"到社会的转变。

（二）团体心理辅导在课程中的应用成效

第一，完善大学生的自我教育功能。在团体心理辅导过程中，团体中各成员通过不同的语言、非语言方式进行交流和沟通，这有利于成员的社会性发展。另外，辅导的过程也是成员主动学习、自我整合、自我完善的过程，这些有利于团体成员的自我教育。

第二，促进个体心理健康的发展。团体心理辅导活动有利于个体的社会性发展、心理健康的发展和人格的不断完善。

第三，预防心理问题的产生。团体心理辅导是预防心理问题产生的最佳途径，通过团体心理辅导，可使成员加深自我认识，发现自己的不良行为，并加以纠正。同时，在团体心理辅导活动中，促进了人们的相互交流。

第四，团体经验在日常生活中的运用。通过团体心理辅导，促进大学生相互之间的信任和尊重，还能让他们学习如何接纳他人及与自己不一样的存在，更能感知他人的需要并关心他人。

二、团体心理辅导在高校思想道德课程中的应用

在高校思想道德教育中实施团体心理辅导，主要出于以下几点考虑：

第一，团体心理辅导与高校思想道德教育有着共同的工作目标。团体心理辅导旨在提高团体成员的心理素质，而高校思想道德教育则旨在促使大学生养成科学的世界观、正确的人生观和高尚的道德品质，因此，二者在工作目标上是统一的。

第二，团体心理辅导能够提高高校思想道德教育的工作效能。人们良好的思想道德品质的形成，依赖于健康的心理环境和积极的心理品质，而积极的心理品质，有利于个体接受正确的思想观念，并将其有效地内化为自己的正确信念。团体心理辅导的优越性在于，其将团体作为一个微型社会，为那些在现实生活中遭受种种挫折的成员提供了一个相对宽松的心理环境，在这样一个宽松的环境中，参与者乐于尝试各种选择性行为，并学习有效的社会技巧。由此可见，团体心理辅导为高校思想道德教育创设了一种和谐稳定的、良好的接受心理环境，有助于高校思想道德教育达成到最佳效果。

第三，团体心理辅导与高校思想道德教育有着共同的师资队伍。从事团体心理辅导和高校思想道德教育工作的两支队伍，在人员构成上，有很大比例的重合与交叉，即大多为高校辅导员和承担思想道德教育的教师，这就为团体心理辅导与高校思想道德教育的融合提供了先决条件。

（一）实施原则及辅导者选择与辅导主题的确立

在高校思想道德教育中实施团体心理辅导，既要兼顾团体心理辅导自身所具有的科学性，又要兼顾高校思想道德教育自身所具有的特殊性。团体心理辅导自身所具有的科学性，具体体现为其强烈的专业色彩；高校思想道德教育自身所具有的特殊性，具体体

現為其人本理念與人文色彩，即在平等的基礎上，彰顯人的價值，使人們達成共同的政治目標。因此，在高校思想道德教育中實施團體心理輔導，應當堅持專業性原則、平等性原則與共同性原則。

具體而言，由於團體心理輔導的專業性較強，因此，高校思想道德教育工作者在運用團體心理輔導以解決學生所存在的思想問題時，應當堅持專業性原則，即高校思想道德教育應在調查了解學生實際情況的基礎上，遵循團體心理輔導理念與具體的指導方法，以有效地開展工作。在團體心理輔導過程中，其成員與成員之間，輔導者與成員之間，應當始終保持平等的關係。只有在平等對話的語境中，成員才能敞開自己的心扉，真誠地接受他人的幫助，並為他人提供有效的幫助。因此，在高校思想道德教育中實施團體心理輔導，必須堅持平等性原則，團體心理輔導要想達成其目的，必須充分調動團體中每一名成員的參與積極性，這是做好團體心理輔導的基礎。因此，在高校思想道德教育中實施團體心理輔導，必須堅持共同性原則，即教育者應在充分了解學生思想特質的基礎上，關注學生的共同志趣、共同信念，並充分滿足其合理的共同需求。

在高校思想道德教育中實施團體心理輔導，除了應始終堅持專業性原則、平等性原則與共同性原則外，還應重視輔導者的選擇與輔導主題的確立。換言之，高校思想道德教育在引入團體心理輔導模式時，應當注重輔導者的角色定位，並確立一個有效的輔導主題，只有這樣，才能確保團體心理輔導的有效性和針對性。

輔導者在團體心理輔導中發揮著至關重要的作用。高校思想道德教育中的團體心理輔導者，應包括專職和兼職心理輔導教師。專職心理輔導教師能夠利用其所掌握的專業知識，分析學生思想上所存在的問題，並尋找合理、有效的解決方法。不僅如此，在團體心理輔導中，專職心理輔導教師還能夠利用其所掌握的專業知識，選擇、確立輔導主題、輔導場所、輔導人數和輔導方案。兼職心理輔導教師能立足於思想道德教育的角度，發現學生思想中存在的問題，從而為專職心理輔導教師的輔導指明必要的方向。由此可見，只有專職與兼職心理輔導教師共同努力，才能確保高校思想道德教育中的團體心理輔導達成其應有的目的。

團體心理輔導的成功，不僅取決於輔導者的相關輔導，還取決於輔導主題的正確選擇。在高校思想道德教育中實施團體心理輔導時，其輔導主題的確立，應當充分考慮學生所處的環境以及其心理特征。環境對學生的思想及其形成有著較大的影響。因此，高校思想道德教育欲實施團體心理輔導，輔導者在確立輔導主題之前，應當深入分析學生所處的環境，以了解其對學生所產生的具體影響，這樣才能確保團體心理輔導更有針對性和科學性。在成長過程中，部分學生會因無法正確面對現實中的諸多困惑而產生種種心理问题，高校思想道德教育只有彻底扫除学生的人格障碍，才能有效地促进学生身心的健康发展。因此，在高校思想道德教育中实施团体心理辅导时，其辅导主题的确立，必须建立在充分考量学生心理特征的基础之上。

（二）团体心理辅导的实施路径

在高校思想道德教育中实施团体心理辅导，可以班级活动为载体，以大学生团体心理辅导课程为主渠道，以"调查—反馈—讨论"为主要手段。团体心理辅导需要组建一个自然团体，才能在此基础上开展相关活动，而班级制则正好为其提供了这样一个自然团体。因此，以班级活动为载体，就成为高校思想道德教育实施团体心理辅导的必然选择。传统的高校思想道德教育，以课堂理论教学为主要教学方式，这种教学方式的最大弊端就在于理论性太强，说教意味过浓，因而在一定程度上削弱了高校思想道德教育的教育成效。而在课堂理论教学中适度引入以游戏、谈话、体验为主的团体心理辅导模式，能最大限度地调动学生的积极性，使学生积极投身于课堂理论教学，从而确保高校思想道德教育目标的顺利实现。

在高校思想道德教育中开展以班级活动为载体的团体心理辅导活动时，应充分利用学生的社会实践活动，巧妙地将课堂延伸至校园、家庭与社会，从中寻找具有教育意义和价值的题材，并组织学生，围绕这一主题开展相关讨论，其主题可以是针对学生思想的，以热门话题为主的话题型主题；也可以是针对学生行为的，以某一任务为主的任务型主题。对于话题型主题，在具体辅导过程中，辅导者应按照高校思想道德教育目标，设定具体话题，并引导学生，在交流互动中，不断地向其教育目标靠近；对于任务型主题，辅导者则应当按照共同性原则，在深入班级内部了解学生喜好和思想状况的基础上，充分调动学生的积极性，以有针对性地对其开展思想道德教育。

大学生团体心理辅导是高校思想道德教育的一个重要分支。在大学生团体心理辅导课程中引入团体心理辅导，有助于其更好地达成教育目标。在大学生团体心理辅导课程中引入团体心理辅导时，教师应分别为学生建立心理健康档案，并针对学生具体的心理健康状态，选择适宜的辅导主题。例如，当今大学生习惯沉醉于网络之中，缺少与社会、他人之间的必要互动，同时，网络中的一些不良思想对学生正确思想的形成也有一定程度的负面影响。因此，团体心理辅导可以此为据，开展相关的主题活动，从中了解学生参与网络活动时的心理状态及其具体的行为特征，以更好地化解其心理困惑，促进其心理健康发展。

在高校思想道德教育中实施团体心理辅导，可以"调查—反馈—讨论"为其主要手段。调查是指由学生自身针对其思想素质以及其与心理健康有关的问题而展开的相关调查，旨在推动团体心理辅导活动的顺利开展。调查的具体内容，应由辅导者设定，或由其给出建设性意见。反馈则是指调查者将其调查结果反馈给辅导者。反馈分为口头反馈和书面反馈，其中，口头反馈更为重要，因为口头反馈融沟通与交流于一体，与重视人际互动的团体心理辅导契合。学生将其调查所得告知辅导者，这既有助于学生提升其自我表达能力，也有助于学生彰显自我价值，在这一过程中，辅导者应当自始至终认真地倾听学生的反馈，以便在接下来的讨论环节中对其调查中所存在的问题给予相应的纠正。讨论是团体心理辅导中最为重要的一个环节，在这一环节中，辅导者应当鼓励所有学生真正敞开心扉，大胆地表达自己的真实感受，为问题的最终解决营造和谐的心理氛围。

将团体心理辅导应用于高校思想道德教育中，不仅能提升学生的思想素质，也能提升学生的心理素质。在高校思想道德教育中实施团体心理辅导，应重视辅导者的素质，并科学地选择辅导主题。需要指出的是，团体心理辅导虽然兼具教育功能，但在具体的辅导过程中，辅导者绝不能将自己等同于教育者，而应始终将自身定位为服务者，针对学生思想中存在的具体问题，对其开展贴心的服务式教育。只有这样，高校思想道德教育才能在团体心理辅导的过程中巧妙地达成其最终目标。

第七章 团体心理辅导案例

第一节 人际关系辅导

人际交往是指人与人之间交流思想、表达情感需求、沟通信息，从而在心理与行为上相互影响的动态过程。大学生思想活跃、精力充沛、兴趣广泛，人际交往的需求极为强烈，他们的社会交往和人际关系对他们的成长至关重要，大学生的人际交往类型主要包括同学之间、师生之间、亲子之间、室友之间、网友之间等。人际交往在这个阶段具有重要意义，贯穿于大学生的整个学习生活中。

人际交往能力较强的个体能够维持和发展人际关系，具有良好的社会适应能力；反之，人际交往能力较弱的个体常出现过度自信或自卑、焦虑、抑郁等不良情绪，甚至出现极端行为。良好的人际交往不仅是大学生心理健康水平和社会适应能力的衡量标准，更是大学生未来发展和人生幸福的奠基石。

模块一 你我有缘——建立团队

总目标：为成员营造一个真诚、平等和温暖的氛围，帮助成员在团体中培养一种归属感和被接纳感，在体验与他人亲密交流、彼此信任的同时，学会关心、倾听和体察他人，提高自己与他人交往的能力。

活动时间：60 ～ 90 分钟。

活动过程：

（一）萝卜蹲

目的：热身游戏，使成员放松身心，以愉快的心情参与接下来的活动，加深对彼此的了解。

时间：25分钟。

操作：

·指导教师介绍游戏："萝卜蹲"游戏是指几个人（超过两人）分别代表一种颜色的

萝卜，一人先开始，说"红萝卜蹲，红萝卜蹲，红萝卜蹲完，绿萝卜蹲"，被叫到的人必须下蹲，迟疑下蹲的或者蹲错的都将被淘汰。

·游戏分组：四个人一组，分成若干组，且各个组的四个人依次按照白萝卜、黑萝卜、红萝卜、紫萝卜的顺序从左到右依次站好。

·游戏过程中，将会有四名裁判，一名裁判负责喊游戏用词，另外三名裁判负责监视每一组的选手，确保游戏的公平。

·游戏规则：

1.当裁判以任意顺序喊出游戏用词时，如"黑萝卜蹲，黑萝卜蹲，黑萝卜蹲完白萝卜蹲"，在每组中代表"白萝卜"的成员必须马上下蹲，接收裁判指令之后方可站起。

2.当裁判喊出游戏用词，蹲错的队员随即被淘汰。

3.一组四位同学淘汰至剩一名同学时，该同学为获胜者，等待第二轮比赛重新分组，继续比赛，直到决胜出冠军、亚军、季军为止。

注意：由于游戏需要控制时长，在第一轮淘汰赛过后接下来几轮的比赛，可适当增加每组成员的人数，同时相应地增加游戏用词，备用游戏用词有"蓝萝卜""绿萝卜""黄萝卜"等。

（二）自我介绍接龙

目的：组成团队，调动成员参与活动、彼此协助、互相了解的积极性，提高团队凝聚力。

时间：25分钟。

操作：

·让全体成员报数，分为若干小组，每个小组围成一圈坐下。

·从第一个人开始，每人用一句话介绍自己，内容包括三个方面：姓名、专业和自己的特征。当第一个人说完后，第二个人必须重复第一个人的内容后再进行自我介绍，以此类推。

·每个成员都要使用固定的句式：我是 _____，来自 _____，专业是 _____，我的性格特征是 _____，我旁边的 _____ 是 _____ 专业，性格特征是 _____。

（三）你我的约定

目的：澄清每位成员参加团体的动机和对团体的期望，制订团队活动的制度和规定。

时间：20分钟。

准备：A4纸、笔、团体辅导活动契约书。

操作：

·按顺时针顺序，让每个团体成员将下面两个句子补充完整：

1. 我加入团体的希望是：_____。

2. 我希望我们的团体是：_____。

·领导者澄清成员对团体的期待和认识，说明团体的功能、目的和内容。

·团体成员共同讨论和制订团体规范，如"做到保密，不把团体内的事情说给其他人听""仔细倾听，不打断和批评他人的发言""不缺席，不迟到，不中途离开""不把食物带到团体辅导室来吃"等，指导教师归纳后，形成团体契约书。

·每个团体成员在团体契约书上签名，以示自己愿意遵守这些团体规范，请一名成员将团体活动契约贴在活动室的墙上，大家共同遵守。

·指导教师进行简单总结，预告下一次团体活动的内容，结束团体。

模块二　接纳之旅——体验信任

总目标：帮助成员融入团体，培养成员间的相互接纳和信任，体验信任别人和被别人信任的感觉。

活动时间：90 ～ 120 分钟。

活动过程：

（一）托起你的重量

目的：消除成员之间的隔阂，增进成员间的了解。

时间：20 分钟。

操作：

·指导教师宣布：现在开始游戏"背靠背"。

·指导教师请两个成员背靠背站立，一齐向下坐到地上，一齐站起来。坐下、站起时，双手不能撑地（可要求成员双手交叉抱在胸前）。

·顺利完成者，可与其他同学交换再做，可选择与自己身材不同的同学做。

·小组交流分享：

1. 背靠背坐下、起来，容易吗？

2. 顺利完成活动有什么感受？是什么因素促使你顺利完成活动？

3. 做不到有什么感受？你认为是什么原因呢？

·指导教师引导语：信任是感情交流的桥梁。人之幸事，莫过于被人信任；人之憾事，莫过于失信于人，生活在互相信任的环境中是一种幸福。

（二）信任前行

目的：让成员尝试如何让他人信任自己，并了解信任对于整个团队的重要性。

时间：30分钟。

准备：眼罩、若干根绳子、空纸箱。

操作：

·将团队分为四人一组，两人为活动参加者，另外两人为活动保护者。活动参加者中的一人被眼罩蒙上眼睛，在另一人用绳子的引导下走完预先设计好的一段路程，另外两名保护者要随时保护好蒙眼者的安全，防止他跌倒或碰到障碍物纸箱。

·在蒙眼者被蒙上眼睛之前，搭档之间可以充分交流，约定沟通信号。一旦蒙上眼睛，两人均不能再说话，两人通过非语言的方式进行交流，增加搭档之间的信任感。保护者要引导蒙眼者绕过障碍物（空纸箱），蒙眼者在搭档的引导下走到终点，蒙眼者走到终点后，大家依次交换角色，保证每位同学都做一次蒙眼者，做一次保护者。

·组内分享各自的感受。

（三）信任不倒翁

目的：让成员体会到来自团队其他成员的信任，感受团队对自己的支持和保护。

时间：30分钟。

操作：

·每组围成一个圈，一位成员来到圈中央。

·蒙上圈内成员的眼睛，让其随心所欲、自在舒适地倒向任意方向，其他成员拉紧手，形成保护圈，确保圈内成员不会摔倒。

·圈内成员往哪里倒，整个小组就要去哪里接住他，并推动他站立起来回到中心位置，站稳后再倒下去，反复进行。

·每个成员轮流做圈内成员进行体验，全部体验完之后回到座位上。

·组内讨论并分享感受。围绕"倒下的那一刻你害怕了吗？""你相信其他成员会稳稳地托住你吗？""倒下的时候你的身体是弯曲的还是挺直的？""你从这个游戏中学到了什么？"等开展讨论。

·指导教师总结。

模块三　善于倾听——掌握技巧

总目标：协助成员掌握一定的沟通技巧，掌握有效的、正确的沟通方式。

活动时间：90～110分钟。

活动过程：

（一）你会倾听吗

目的：认识和辨别不良的倾听习惯，练习有效的倾听技巧。

时间：40 分钟。

准备：不良的倾听习惯清单。

操作：

·指导教师将成员分为四人一组，每组推选出一位成员担任陈述员并先到室外，其余成员则分别充当不同类型的倾听者，如积极专注型、故意忽略型、尖酸刻薄型等。担任陈述员的成员回到各自的小组，自行选定一个主题说给同小组的成员听（如假期计划、对专业的看法等）。担任倾听者的成员不仅要听，还要按照要求提问，依照自己所扮演的倾听者的角色表现出相应的态度。

·小组内进行分享讨论，针对不同的倾听者的态度，让陈述者说出自己的感受。

·陈述者和倾听者交换角色，另外选择一个话题，倾听者依旧分为三种类型。

·协助者发放不良的倾听习惯清单。

·小组内交流，谈谈对自身不良倾听习惯的感受和评价。

·大组分享：每组推荐一名成员分享本组的交流结果。

（二）沟通练习

目的：实践练习沟通技巧，掌握人际沟通基本技巧。

时间：30 分钟。

操作：

·指导教师提问，请每位成员思考，当你的朋友向你倾诉他的烦恼时，一般而言你会做何反应？并思考你做出这样反应的理由。

1.朋友向你倾诉："上学期考试成绩出来了，我挂了两科，但我不敢告诉父母，为了供我上学他们拼命地赚钱，已经很辛苦了，我不想让他们知道。每天早晨起来，我都鼓励自己要努力地学习，但是感觉压力很大！"你会如何回答？

（1）你要想开一点，只要努力一定能考好的。

（2）你不用太悲观，这次好多人都没考好。

（3）你应该告诉你的父母，他们也许能帮你，能和你一起想办法。

（4）你不敢把这件事情告诉父母，怕他们担心你。可是你的压力也非常大，不知道自己一个人是否扛得过去？

2.朋友向你倾诉："我最近倒霉透了，谈了两年多的男(女)朋友居然把我给甩了。唉，我真不想活了！"你会如何回答？

（1）你怎么这么想，一次失恋就成这个样子，也太没出息了。

（2）唉，是挺倒霉的。你再想想有没有什么跟他（她）和好的办法？

（3）我比你更倒霉呢，我都被人家甩过两次啦。

（4）不用这么难过，改天我帮你介绍一个更好的。

（5）谈了两年的男（女）朋友居然和你分手了，你一下子接受不了这个事实，所以觉得活着没意思了？

· 思考并进行小组讨论：对各种回答进行比较。

· 指导教师点评：人际沟通的关键在于让你的朋友感觉到，你是在认真地听他说话，而且理解了他的意思，能够体会他的心情。以上两个案例的几个答案中，最后一个反应其实更为恰当，但很少有人会选它。因为它只是用自己的话把别人所说的内容简要地翻译了一遍（这种沟通方法被称为"意译法"），似乎是在说废话，但实际上并非如此。很多人都有"好为人师"的倾向，误以为朋友向自己倾诉就是需要自己帮他出主意，因此在沟通中急于用自己的感受代替别人的感受，急于表达自己的意见或提出劝告。事实上，只有倾诉者才最清楚自己需要的是什么，才能为自己做选择。他通过倾诉，希望寻求的只不过是一种关心、理解和心理支持，而意译法恰好可以满足对方的这种心理需求。因此，在不确定能否给予更好的回答时，把对方所说的意思简要地反馈给对方，不失为最简单但又十分有效的人际沟通小窍门。

（三）分享沟通

时间：30分钟。

操作：

· 团体分享：每组派代表交流分享本组的体会，阐述不同沟通方式带来的不同的感受和效果，帮助成员对自己不恰当的沟通方式进行反思，并在以后的人际沟通中进行纠正。

· 指导教师总结：提炼倾听和回应的技巧，并鼓励成员在团体中和团体外的日常生活中灵活运用这些技巧。指出沟通有其重要的构成因素，合理运用口语与非口语信息是成功沟通的条件之一，正确的沟通首先必须尊重别人、善于倾听。

模块四　学会拒绝——体验说"不"

总目标："拒绝"是自我的一种主动选择，大学生应学会"拒绝"，通过体验和反思、迁移和行动，促进大学生人际交往能力的提升。

活动时间：90～120分钟。

活动过程：

（一）害怕说"不"的心理分析

目的：寻找不愿说"不"的心理成因，通过归纳、总结，使成员明白需要学习拒绝他人，不卑不亢地与人交往。

时间：30分钟。

操作：

· 小组讨论：小组成员依次分享、讨论家庭作业。

· 指导教师在每个小组中随机抽取两名成员代表阐明自己的观点。

· 每组组长代表本组进行汇总发言。

· 指导教师引导成员深入思考和分析人际交往中的拒绝心理，认清"拒绝"的利弊和重要性，加深成员对"学会拒绝"的理解，并指导成员的交往行为。

（二）魅力测试站

目的：了解人际关系中人们喜欢的和反感的个性特征，以此督促自己在人际交往中注意言行。

时间：30分钟。

准备：笔、纸若干张。

操作：

· 协助者描述情境：你参加了一次夏令营活动，在夏令营里，你认识了很多性格迥异的人，有真诚的、善解人意的、乐于助人的、活泼开朗的、热情的、风趣幽默的、聪明能干的、心胸宽阔的、脾气古怪的、自私自利的、自负傲慢的、虚伪的、恶毒的、性情暴躁的、心胸狭隘的，等等。

· 每个小组进行一次再分组，两人为一个小组，从以上的形容词里选择一个积极的和一个消极的，自己设置情境进行表演，其中一人扮演者消极的角色，扮演者的搭档需要思考如何拒绝他的不合理要求，以表演的形式表达出来。

· 两人一组进行表演。

· 小组讨论：你最不愿意和哪三种人做朋友？最愿意和哪三种人做朋友？你认为哪一组表演的拒绝方式最好？

· 每组组长根据成员的发言，记录下各种性格的魅力指数。最愿意和某三种性格的人做朋友，则根据喜欢程度，把三种性格分别记为 +3、+2、+1 分；最不愿意和某三种性格的人做朋友，则根据不喜欢程度，把三种性格记为 -3、-2、-1 分。所有成员发言完毕后，计算每种性格的总分，从而得出该性格的魅力指数。

·团体分享：每个小组派一名代表对本组的讨论结果进行阐述。

·小组讨论：如何培养最受欢迎的三种性格？如何避免最不受欢迎的三种性格？

·团体分享：每组选派一名代表汇报讨论结果。

（三）身临其境

目的：以心理短剧的形式，让成员如同身处相同的环境中，思考如何拒绝对方的不合理要求。

时间：40分钟。

操作：

·指导教师：请每位成员思考在与人交往中是否被人拒绝过？以什么方式拒绝的？给自己留下了怎样的感受？是否拒绝过别人？以什么方式拒绝的？被拒绝的人当时有什么反应？之后你们的关系受到了怎样的影响？

·指导教师给出几个设定的场景，分组讨论，设计情节，排练成一个心理短剧，每组轮流上台表演。

场景一：一个平常花费大手大脚、喜欢吃喝玩乐的同学向你借钱，你不想借给他，你会怎样拒绝？

场景二：一个关系亲密的朋友，要求考试时坐在你的后面，希望你在考试时能让他看到你的试卷。你不想作弊，你会怎样拒绝？

场景三：寝室的卫生条例规定了室友轮流打扫卫生，但是你的一位室友每次当作不知道这件事，从来不打扫。以前都是你默默帮他值日了，现在你不想再纵容他，你会怎样对他说？

场景四：暑假时，你正在家中用电脑完成教师布置的重要论文，你爸爸回家了，要求你假期就不要看电脑了，帮妈妈做些家务，照看弟弟妹妹，这时你如何回答？

场景五：你所在的社团有一个大型的活动将要举办，同一天有一部电影上映，你的女（男）朋友非要和你看电影，还说你又不是社团负责人，不去也没关系。你会怎样拒绝？

·各组自选场景表演心理剧。

·指导教师请成员代表谈感受，指导教师适时引导。

（四）成果和分享：学会对不合理的要求说"不"

目的：引导大学生敢于说不，保持独立的个性，收获更多的正能量。

时间：30分钟。

操作：

·小组交流分享本次团体辅导的学习体会，讨论在遇到不同情况时如何说"不"，同时不损害人际关系。

·教师总结：判断人在社交过程中的心理成熟度，要看你能否自如地对别人的不合理请求说"不"，能否承受别人的拒绝，能够说"不"和能够接受被拒绝，都是需要自信和勇气的。不会拒绝也不能自如地提出要求，又怕被别人拒绝的心理状态，心理学上称为"被拒敏感"，这样的人其人际关系看起来挺好，他总是热心助人，口碑好，别人喜欢找他"麻烦"，可苦水只有自己吞。当代大学生应在社会交往中，学会以正确的拒绝方式减少自己的压力和痛苦，在交往中找寻自由与正能量。

模块五　一路有你——结束团队

总目标：引导成员体验助人与合作在完成团体活动中的重要性，使成员体验团体温暖，学习合作技巧，在团体中改变不合理的交往心态和行为模式。

活动时间：90～120分钟。

活动过程：

（一）超级三人组

目的：了解团队成员的异同点，充分发挥成员的聪明才智，加强合作，实现共赢。

时间：30分钟。

准备：每人一支笔、一张纸、一枚别针，气球若干。

操作：

·协助者给每人发一支笔、一张纸、一枚别针。

·指导教师：请所有成员造句，句型：我是一位 ＿＿＿＿＿＿。

要求：完成十句完全不同的造句，将答案写在纸上，并用别针将其固定在自己的衣服上。

·请成员自由组合，三人一组。

要求：小组成员所造句子的相同点要尽可能多。

总结：人们之间的共同点要比我们看到的多。

·成员自由组合，三人一组。

要求：小组成员所造句子的不同处尽可能多。

总结：即使在差异最大的小组中，也会存在某些共同点。

如果有小组成员没有一句是相同的（虽然此种可能性很小），可以邀请所有人集体讨论，一起总结出相同处。

·成员们随意进行三人组合。发给每个小组一个气球，不许成员用手和前臂碰到气球，三人小组要找一个方法让所有气球不落地、手不触碰气球的情况下把气球挤爆，限时 5 分钟，以挤爆气球最多的小组为胜。

·注意事项：如有成员违反规定，用手压破气球，或气球掉到地上，则该气球为犯规气球，不予计数。

·总结：善于融合不同的智慧可以使整体在激烈的竞争中始终处于领先。

（二）齐眉棍

目的：体验多人合作需要耐心和细心，在合作关系中，个人应该配合集体的行动。

时间：30 分钟。

准备：一根长 2 ～ 3 米的塑料软管（可用塑料吸管拼接或水管等替代）。

操作：

·请小组成员站成两列，让小组成员全部伸出一只手的食指，举到自己眉头的位置。

·将轻质塑料软管放在每个人的食指上，需要注意的是，必须保证每个人的食指都接触到轻质塑料软管，且手的食指都在轻质塑料软管下面，其他部位都不能碰到塑料软管。

·手指平放在横杆下，不可以出现手指平放以外如钩、夹等动作，全体成员一起参与，任何人手指离杆，都要回到成员中任一成员齐眉高度重新下降。

·要求小组成员将轻质塑料软管保持水平，小组成员的任务是，在保证每个人的手指都在轻质塑料软管下面的情况下，将轻质塑料软管完全水平地往下移动。一旦有人的手离开软管或软管没有水平往下移动，就算任务失败。

·只允许一位成员喊"开始"和"停下"，其余成员在活动中不得出声。指导教师在活动开始前讲解规则并和成员们商量好，共同设定挑战时间。

·指导教师阐述游戏的启示：

1. 游戏看似很简单，但要顺利完成非常不容易。

2. 如果一个人去完成这个任务是相当简单的事情，但是一个人做的工作由几个人来做，它比一个人做更不容易完成，因为几个人之间将形成许多的相互关系，制造出许多新问题。因此，合作的力量不容忽视。

3. 如果小组中有任何一个人不同于团体的共同节奏，塑料棍将无法保持水平下降。

（三）蜈蚣翻身

目的：让大学生在体验和分享中学习人际交往技巧，感悟理解、合作、认同在人际交往中的重要性，提高人际交往能力。

时间：30 分钟。

操作：

·协助者将全班学生分成两大组，请成员推荐产生两位组长，两路纵队排好。

·全组成员依次手拉手组成一条"大蜈蚣"，开始练习一下"大蜈蚣"跑动，看看彼此是否协调。

·开始进行"蜈蚣翻身"比赛，要求第一位成员依次从第二个人和第三个人拉手处，第三个人和第四个人拉手处，一直到队伍最后两位成员的拉手处钻过去，第二位成员、第三位成员依次跟随前面的成员一直钻完所有的拉手处。期间不能有拉手断开的地方，完成"蜈蚣翻身"用时最少的组获胜。

·注意事项：一是活动要有一定的空间，使得"蜈蚣"可以"蠕动"起来；二是要使整条"蜈蚣"顺利"翻身"，每个成员都要快速"翻身"和"蠕动"；三是主持人宣布游戏规则后，各队练习 5 分钟后再开始正式比赛。

·比赛结束后，指导教师总结合作、理解、宽容在人际交往中的重要性。

第二节　自我意识辅导

"认识自我"即自我探索，是个体意识发展的高级阶段，是个体对自己存在状态的认知，是人格的自我调控，是个体人生观、世界观、价值观在形成过程中与现实冲突并自我调整的过程。

认识自我，是我们每个人自信的基础和依据。一个人在自己的学习、生活、工作经历中，在自己所处的社会环境中，能否真正认识自我、肯定自我，塑造自我形象，把握自我发展，如何选择积极或消极的自我意识，将在很大程度上影响或决定一个人的前程和命运。

大学阶段是个体自我意识急剧增长、迅速发展和趋于完善的重要时期，这个阶段的某些大学生由于没有形成对自我的正确认识，而导致不良生活体验及情绪的产生，这些会严重阻碍他们的发展。开展大学生自我探索的团体心理辅导，对于帮助成员拥有自信、自尊、自爱，正确认识自我、接受自我、悦纳自我，挖掘个人潜能，具有重要意义。

模块一　有缘相聚——组建团队

总目标:引发成员参与团体的兴趣,促进成员之间的相互了解和认识;建立团体规范,形成团体,澄清团体目标,帮助成员明确团体辅导的目的与意义。

活动时间:60～90分钟。

活动过程:

（一）一块钱和两块钱

目的:活跃团体气氛,帮助成员以愉快的心情参与团体活动,增加成员之间的凝聚力,加深彼此的认识与了解。

时间:20分钟。

操作:

·指导教师根据男女成员人数来判断,如男生人数多于女生,女生就当"两块钱",而男生当"一块钱";反之,女生就当"一块钱",男生当"两块钱"。如果男女人数相等则可以抽签或者掷硬币决定。

·指导教师说出钱数,所有成员根据钱数,手拉手组成相应的数字,没有按要求组成相应钱数的成员被淘汰。例如,指导教师喊出6块钱,所有成员必须和身边人迅速搭配并拉手,使面值加起来等于6块钱。

·剩下的成员继续组合,直至剩下4～5人为止。游戏结束后,请第一轮被淘汰的成员表演小节目。

（二）自我介绍

目的:让成员相互熟悉并认识,掌握向别人介绍自己的技巧,知晓在人际关系建立初期应该注意的问题,锻炼人际敏感性。

时间:30分钟。

操作:

·所有人自由组合,一对一互相介绍并认识对方。每人限定1分钟。

·所有人围成大圈,依次站在圈中间,简要介绍自己（在多次重复中,快速地记住他人的信息）。

（三）抛物唤名

目的:帮助成员尽快熟悉并记住其他人。

时间:20分钟。

操作：

·成员站成一圈，由指导教师将一物件（气球、红旗等引人注意的物件）抛给任何一人并叫出被抛者的名字，然后被抛者再抛向另一人并叫出姓名，如果名字被叫错，被抛物者及时纠正，"我叫某某某"。以此类推，不中断，大约进行5分钟。

·活动结束后，叫错名字的成员要表演一个小节目，促使成员在游戏中尽快记住团体中的每一个人。

（四）签订契约

目的：形成团队，讨论并签订团体活动契约，形成团体规范，明确团体目标。

时间：15分钟。

准备：团体契约、团体辅导成员名册。

操作：

·形成小组。指导教师请全体成员站成一圈，按照一、二、三、四报数，所有报一的为第一组，依次为第二组、第三组、第四组。人数少的时候可以分为两组或者三组，一般4～6人为一组。

·小组讨论：参加团体辅导过程中应该遵守哪些规则，各组选派一位同学报告讨论结果，并说明对团体辅导的期待。

·指导教师总结团体规则，并要求大家在团体活动期间共同遵守和维护团体契约。

·全体成员在团体契约上签字，并请一名成员将团体契约贴在活动室的墙上，大家共同遵守。

·发放团体辅导成员名册给每位成员。

模块二　我是谁——自我觉察

总目标：引导大学生了解和认识自己，发现真正和全新的自己，以发展的视角看待自己、分析自己、完善自己。

活动时间：90～120分钟。

活动过程：

（一）我的自画像

目的：通过非语言的方法将画者的内心世界投射出来，进行独特的自我探索、自我分析、自我展示，促进成员深化自我认识，加深对他人的认识和理解。

时间：30分钟

准备：每人一张A4纸，每组一套彩色笔。

操作：

·协助者发给每位成员一张 A4 的白纸，彩色笔放于每组桌上，供需要者自取。

·指导教师要求成员在 5 分钟内，每人在白纸上画一幅"自画像"。

·指导教师温馨提示："自画像"可以是形象的肖像画，也可以是抽象的比喻画；可以是一色笔画成，也可以是多色笔画成；可以有标题，也可以无标题。若有标题，可以用"大学生活中的我""我的梦"等；若无标题，成员可以随自己的意思，可以用任意形式来画出自己，抽象的、形象的、写实的、动物的、植物的什么都可以。

·时间到！请大家在小组内依次讨论、交流"自画像"，同组成员可以提出疑问。

·小组讨论，指导教师巡视全场，发现典型案例。

·团体分享，指导教师请几位成员分享"自画像"。

·注意事项：有的大学生可能因为绘画技能差而为难，教师需要提醒他们，这只是游戏不是绘画比赛，只要求画的内容、形式等形象地反映出对自我的认识即可。

（二）个性名片

目的：鼓励成员把自己最想与他人交流的信息简洁明了地公布出来，学会推荐自己，在交流的过程中更好地认识自己。

时间：20 分钟。

准备：每人 1 张胸卡、彩色笔若干。

操作：

·协助者发给每位大学生一个空白的胸卡，彩色笔放小组桌上公用。

·指导教师：请大家在 10 分钟时间内为自己设计一张"个性名片"，插入胸卡内。要求不少于 5 条个人信息，除文字外可用图形等多种形式表示，可以使用多种颜色的笔。

·时间到！请大家在小组内属于交流，推荐出最佳胸卡，集体分享后佩戴胸卡。

（三）小小动物园

目的：促进成员自我了解，了解他人，学习接纳每个人的独特性。

时间：约 30 分钟。

准备：每组一盒彩笔、一张卡片。

操作：

·指导者将笔和卡片发给成员，然后要求成员想一想，你最喜欢哪种动物，会选择哪种动物，思考一会，在卡片上写下此种动物的名称。

·等所有成员写完后，请每位成员看看这个小小的"动物园"里都有哪些动物，哪些与自己相似，哪些与自己不同，你在这个"动物园"中的感受如何（可能会缺乏安全感、焦虑不安等）。

·请每个成员轮流介绍自己为什么选出这个动物，有些成员选择的动物是因为这个动作有像自己的特质，如老黄牛；有些成员选择的动物则是自己期望成为的，如像狮子一样强壮，不受欺负。

·当每个成员介绍自己时，其他人可以一起讨论，给予回应，促使当事人进一步思考。

模块三　独特的我——自我肯定

总目标：当一个人能发现自己的优点并加以发挥、自信满满地面对生活时，就是积极体验；一个人感受到的都是外界的消极评价、自卑甚至自怨自艾时，就是消极体验。设置该模块的目的就是让成员感受到积极体验，找准自身定位，寻求积极心理暗示，挖掘独一无二的自我。

活动时间：90～120分钟。

活动过程：

（一）反向运动

目的：让成员放松，减轻焦虑，活跃气氛，快速进入活动中。

时间：10分钟。

操作：

·所有成员起立围成一个圈，指导教师站在中央。指导者说"右转"，全体成员就将身体转向左边；说"左转"，全体成员就将身体转向右边。

·以此类推，发现有人犯错，宣判出局。最后剩下的少数人为获胜者。

（二）投射练习

目的：了解自己、别人对自己的看法，反思自我的认知模式。

时间：20分钟。

准备："他们眼中的我"问卷、笔。

操作：

·协助者给每位成员发放"他们眼中的我"问卷。

·请成员填写。

·指导教师温馨提示：请成员检查自己填写的内容是正面多还是负面多，这个练习有助于我们从不同的角度看自我，全面认识自己。

·小组交流分享。

·团体分享：每小组派一名成员在团体中分享。

（三）独一无二的我

目的：通过活动认识独特的自己，从而能够珍惜自己独特的价值；同时让成员善于发现自我的不同，从多方面思考问题。

时间：30分钟。

准备：A4纸、印泥、水彩笔。

操作：

·协助者给每个小组发一张A4纸，一个印泥。

·指导教师要求每个成员用食指沾染印泥后将自己的手印印在本组的白纸上。

·小组成员在白纸上印手印的过程中，指导教师要提醒大家仔细观察自己印下的手印，看看自己的手印有什么特点，同时观察别人的手印有什么特点，看看自己的手印和别人的手印有哪些区别。

·在每个成员都按完手印并观察完之后，指导教师将每张白纸倒转，并打乱顺序，然后让成员找出哪一张是本小组的，并且要求成员找出白纸上自己的手印，签上自己的名字。

·在全部成员找到自己的手印后，请每人用彩色水笔装饰自己的手印，并贴在活动室的墙上。

·注意事项：在成员观察自己和他人手印的过程中，指导教师要引导成员观察手印的独特性，从而使大家认识到个体差异的存在——每个人都是不一样的，每个人都有其独特之处和存在的价值。

（四）成果和分享：我的性格和个性

时间：30分钟。

操作：

·小组交流分享：通过小组成员交流彼此不同的性格特点，找到相似点和截然不同之处。

·每组派代表交流分享本组的体会，阐述自己的个性特点。

·指导教师引导成员认识"世界上没有完全相同的两片叶子"，迈出自我探索的第一步。

·指导教师总结：

1.个人的性格是什么样的，与他人有何不同，是每位成员必须要思考的问题。

2.每组的分享可以促进成员对自己的性格、优缺点、价值观等方面有较为深刻的认识。

模块四　未知的我——自我调适

总目标：在对自身的性格、优缺点、价值观等方面都有了较为深刻的认知后，每个人要对自身存在的问题进行调适和改进。在分析自我、悦纳自我的基础上进行积极的自我暗示，增强自我肯定和不断改变的原动力，从而拥有良好的自我评价能力和恰当的自信和自尊。

活动时间：90 ～ 100 分钟。

活动过程：

（一）风雨雷电

目的：开展放松自我的小游戏，舒缓压力，减轻焦虑，活跃气氛。

时间：10 分钟

操作：

·全体成员围成圈，指导教师先做动作，要求成员模仿做三遍，如风（吹）、雨（鼓掌）、雷（跺脚）、电（捂耳朵），全体成员一起模仿。

·当熟练动作之后，将全体成员分为风、雨、雷、电四组，指导教师说"风"的时候，风组做吹的动作；说到"电"的时候，电组做捂耳朵的动作等，然后指导教师依次说风、雨、雷、电，成员将动作连起来做。

·注意事项：无论什么动作都可以达到放松心情、活跃气氛、缓解压力的效果，有时一些极富创造性的动作会引起大家的笑声。

（二）手有千千结

目的：引导成员在团队遇到困难时出谋划策、齐心协力，并且将自己的提议付诸实践，最终团结一致达成目标，从而使每个成员发现自己的潜能与重要性。

时间：30 分钟。

准备：1 米长的红线若干根。

操作：

·每组成员的右手叠加在一起，协助者用一根红绳以若干个复杂的结扣将大家的手系在一起，每位成员只有左手可以解结。

·指导教师宣读注意事项：

1.当一位成员在尝试用自己的方法解开结扣时，其他成员只能"动口不动手"，只能口头指导该成员。

2.每个组限时 5 分钟解开该组的结扣。

3. 最后解开结扣的小组，集体表演一个节目。

·再尝试第二种解开结扣的办法。协助者开始计时，成员依次想出一个解开结扣的办法，由出主意的成员尝试用此方式解开。如果第一个成员失败，下一个成员想出一个与其不同的办法，继续尝试。以此类推，哪个组最先完成解开缠在所有人右手上的结扣，即为获胜团队。

（三）我的人生曲线

目的：对自己的经历做出评估，理解千差万别的人生经历，增强对自己的理解和"明天会更好"的期盼。

时间：40分钟。

准备：A4纸若干张、笔。

操作：

·指导教师说明用"人生曲线"探索自己人生的意义，要求每个成员画一个坐标，横坐标代表年龄，纵坐标代表自己对生活的满意度。

·指导教师要求大家找出自己生活中的一些重要转折点，连成线，边看线边思考，并用虚线表示未来的人生趋向。每个成员思考10分钟。

·指导教师温馨提示：对你影响最大的事件是什么？有怎样的影响？你是怎样走出心理低谷的？你对自己的人生曲线满意吗？最满意的是什么？

·小组交流分享：每位成员以坦诚相待的心根据坐标图向他人介绍自己的人生。相互交流、了解彼此不同的人生经历。

·团体分享：每个小组派出一位代表交流自己的感受。

（四）个人盾牌

目的：强化个人对自己独特之处的接纳，加强自我调适，树立"我之所以为我"的积极态度，增强自信心。

时间：20分钟。

操作：

·根据下列问题的答案，每个人做一个自己的"盾牌"。答案有时是文字，有时是图案，可以在盾牌上按自己的喜好安排位置与顺序。

1. 写出从出生到现在最重要的一件事。

2. 写出你以前做的最成功的事。

3. 写出你过去最快乐的时刻。

4. 写出你的一项专长。

5. 写出你想要加强的技能。

6. 你希望将来是什么样子？

7. 如果你目前只剩一年的生命，你将会做什么？

8. 如果你现在八十岁了，你喜欢别人用哪三个字来形容你？

（五）成果和分享

时间：30 分钟。

操作：

· 小组交流和分享：在小组内对自己的盾牌进行介绍。鼓励成员正向评价自我和他人，激发成员的内在动力，努力克服自卑心理，增强自信心。

· 指导教师随机（或自愿）抽取几份答案请成员进行团体分享。

· 指导教师总结：自信的力量和追求成功的信念尤为重要。每个人都有自己的特质，正确认识自己并以积极的心态面对未来，才能信心满满地完成大学学业，迎接未来的美好生活。

模块五　面向未来——自我超越

总目标：让成员通过活动对自我突破方面有更多的了解，学会勇敢地在自己比较擅长的或者无法做到的方面实现突破。

活动时间：100 ～ 120 分钟。

活动过程：

（一）突围闯关

目的：培养成员在面临巨大危机的时候，保持冷静的头脑并具有克服困难的信心和勇气，培养解决问题的能力和坚持到底、不服输的精神，从而对自己充满信心。

时间：15 分钟。

操作：

· 小组内部决定两位成员作为突围闯关者，其余成员作为关卡。活动分突围和闯关两个环节。

· 突围：由选出的两位成员站在团队中央，其他成员将手臂互相勾住，形成包围圈。受包围者可以任意用钻、跳、推、拉等方式挣脱包围。

· 闯关：全体成员面向四周站立，互相以手臂紧紧勾住，请两位成员站在圈外，设法竭力闯关进入圈内。

· 指导教师提醒成员注意安全。突围闯关开始。

·活动结束后，小组内交流分享：

1.突围成功的感受是什么？失败了又有什么感受？

2.闯关成功用了什么方法？失败了是什么原因？

3.在生活中会遇到棘手的困难吗？你是怎样面对的？这个活动给了你什么启示？

（二）我是最棒的

目的：引导成员采用自我暗示的方法，努力克服自卑心理，增强自信心，相信自己能完成任务。

时间：40分钟。

准备：A4纸、笔。

操作：

·协助者给每位成员发一张A4纸。指导教师要求成员用下面的句式完整地写三句话，这三句话是成员目前想做但暂时做不了的事，如学习、生活、人际关系等方面。

我不能 _____。

我不能 _____。

我不能 _____。

·全体成员写完后，指导教师要求每位成员反复读出这三句话，体会此刻的感受。

·指导教师要求每位成员把"不"字划掉，熟记更改之后的三句话。每位成员依次站在小组中大声地、充满激情地说出这三句话，其他成员给予回应："是的，你能！你可以的！加油！"

·小组交流分享：成员依次分析组内每位成员"我不能"的原因，给出达到"我能"的方法、途径，做彼此的参谋和军师。

·注意事项：其他成员回应当事人的语气应专注、大声且肯定，使当事人感受到其他人的支持和鼓励。

（三）回顾与总结

目的：让成员回顾活动中的点点滴滴，感受自己的成长，并选出自己最难忘的单元活动，分享最难忘的活动给自己带来的感受与成长。

时间：30分钟。

操作：

·指导教师请每个成员通过回顾前几个单元，思考自己最难忘的活动和感受。

·小组交流：小组成员共同分享参与团体活动的感受。

·团体分享：每组选派一个成员跟大家分享。

第三节 情绪管理辅导

情绪几乎总是伴随着我们，在不知不觉中影响着我们的认知和行为。人们常常会感情用事，这正是情绪对我们的影响，情绪分为积极情绪和消极情绪。积极情绪能拓展个体即时的思维、行动范畴，包括拓展个体注意、认知、行动等范围；消极情绪不仅影响工作和生活，还会危害身体健康。因此，学会情绪管理，有意识地对情绪进行感知、控制和调节，对于提高人们生活质量有着重要意义。

大学生处于特殊的身心发展期，表现出特定群体的情绪特点，大学生群体的情绪受外界刺激的影响较大，具有多样性、矛盾性和明显的波动性等特征，因而容易产生一些常见的情绪困扰，如自卑、焦虑、抑郁、嫉妒等。如果长此以往得不到重视，可能会产生心理疾病。情绪管理辅导团体，帮助成员正确地认识情绪，提高对个体和他人情绪的觉察敏感度，培养情绪管理的能力，学会有效地调适和控制情绪，挖掘和培养情绪智商。

模块一 心海浪花——了解情绪

总目标：帮助团体成员彼此尽快熟识，建立团队；澄清团体性质和目标；初步掌握情绪的类型。

活动时间：60 ～ 100 分钟。

活动过程：

（一）幸福拍手歌

目的：促进成员彼此熟识，打破隔阂，营造轻松愉悦的团体氛围，澄清团体性质和目标。

时间：10 分钟。

准备：背景音乐，多媒体设备。

过程：

·所有成员随机围站成一圈，在指导者的引领下，跟着伴奏共同演唱《幸福拍手歌》，并跟随歌词指示做出相应的肢体动作，如拍手、跺脚等。指导教师鼓励成员放松心态，大声歌唱，动作到位，要求成员带着快乐、幸福的心情与相邻的成员微笑、挥手致意。

·歌曲结束后，成员保持原有位置不动，采取"1"到"X"的方法报数，从"1"到"4"报数，意味着分成 4 个小组。等所有成员报完后，报"1"的成为一组，报"2"的成为一组，以此类推。

·指导教师欢迎成员参加团体辅导，并简要介绍团体目标和开展方式。

（二）团体契约

目的：建立团队，并签订团体契约，保证团体活动的顺利进行。

时间：20分钟。

准备：大白板、白板笔、签字纸、笔、团体契约。

过程：

·指导教师宣布各团队必须在10分钟内迅速熟知成员，确定队长、队名和队标、队歌等。确定后各团队依次进行展示。

·分小组讨论：为了实现团体目标，应该制订哪些规则？如何监督执行？违反规则应受到何种处罚？

·各小组派一名代表报告讨论结果，指导教师总结并形成团体契约。

·协助者将团体契约发给每个小组，成员一起宣读并签字。

（三）情绪一箩筐

目的：了解情绪的种类，扩展对情绪内涵和外延的了解。

时间：45分钟。

准备：笔、情绪字眼图、情绪象限图。

过程：

·指导教师发情绪字眼图给每位成员，请他们找出其中表达情绪的词语，并将每两位成员分为一组，让成员讨论以下问题：

1.两个人所选的情绪字眼有何不同？

2.在情绪字眼中最喜欢和最讨厌的情绪是什么？

3.自己平常会出现这些情绪吗？什么时候出现？

·指导教师邀请小组成员分享讨论结果以及自己的情绪字眼。

·指导教师拿出情绪象限图，向成员解释情绪不仅有正向和负向之分，同时也有强和弱的区别，并与成员一起将情绪字眼按照正负和强弱之分写在象限图上。结束后邀请成员围绕象限图进行发言。

模块二　晒晒心情——情绪体验

总目标：引导成员了解自己的情绪状态，判断情绪的认知偏好和偏差，体会不同情绪体验对生活和身心健康的影响。

活动时间：60～90分钟。

活动过程：

（一）乌龟与乌鸦

目的：活跃团队气氛，打消成员防备心理，让成员在游戏中体会生理反应和情绪的关联。

时间：10分钟。

过程：

·指导教师引导大家手拉手围成一个大圈，每位成员双臂展开，左手成掌，掌心向上，右手食指伸出，将右手食指垂直放在相邻同伴的左手掌心上。

·指导教师读故事《乌鸦与乌龟》，当出现乌鸦、乌龟这两个词语中的任何一个时，请马上用自己的左手去抓同伴的食指，同时自己的右手食指快速从同伴左手掌心上逃离。

·当你的右手食指被抓住或者你的左手没有抓住同伴的食指，你就失败了。失败者要给同伴揉揉肩。

（二）情绪蘑菇

目的：了解情绪的产生以及情绪对自身的影响。

时间：30分钟。

准备：彩色蘑菇图片若干、粘胶、背景音乐《采蘑菇的小姑娘》。

过程：

·指导教师事先准备好若干蘑菇形状的纸片，在每个蘑菇上写上代表情绪的词语，如悲伤、快乐、愤怒、恐惧、悔恨等，并将每个蘑菇粘在墙壁上。

·指导教师讲解游戏规则，当《采蘑菇的小姑娘》音乐响起时，成员们根据自己这一周的情绪状态，采摘相应的情绪蘑菇，采摘完毕后回到座位。

·指导教师邀请成员展示自己采摘的蘑菇，说说自己为什么要采摘这个蘑菇，这一周发生了什么事情导致自己产生了这些情绪。

（三）情绪事件簿

目的：了解自己的情绪偏好，提升情绪知觉，探析调控情绪的方法。

时间：30分钟。

准备：纸箱、情绪事件簿。

过程：

·准备一个纸箱，里面放10张情绪事件簿。

·指导教师邀请每组代表从纸箱中抽取任一"情绪事件簿"并与大家分享以下内容：

（1）你是否也经历过情绪簿中所描述的情境？你当时的情绪如何？

（2）你是如何处理此类情绪的？

·每组成员代表就本组抽到的"情绪事件簿"进行发言，其他小组成员对此展开讨论，并提出解决这个问题的好办法。

·指导教师带领大家进行总结，并将解决办法写在相应的事件簿背后，完成后请成员将事件簿放回纸箱中，并提醒成员下次遇到类似事件时，不要忘记本次活动中大家所讨论出的解决办法。

模块三　情绪气球——不良情绪

总目标：协助成员面对不良情绪，接纳自己的不良情绪；引导成员察觉不良情绪，让成员适当地表达自己不舒服的感觉。

活动时间：60～100分钟。

活动过程：

（一）"透支"活动

目的：通过失败体验帮助成员正确看待消极情绪。

时间：5分钟。

准备：一段12毫米长的绳子。

过程：

·将绳子拉直后放在地上，让成员在距离绳子30厘米处站定，然后下蹲，双脚并拢，双手分别紧握脚后跟。

·指导教师讲解游戏规则，成员的任务是跳过绳子，成功完成任务者将获得10元奖励。特别注意只能向前跳跃，不能向前滚动或者倒下，在跳跃过程中必须双脚并拢，双手紧握脚后跟，不能松开。

·游戏结束后，指导教师向大家说明这是一个几乎不可能成功的任务，再优秀的人也会有失败的时候，正如再积极的人情绪也有低落的时候，我们应该学会正确地看待消极情绪，学会调节。

（二）情绪盾牌

目的：探析情绪背后的经验和行为，观察情绪和生理反应之间的联系。

时间：40分钟。

准备：纸、笔、胶布、剪刀、大白板。

过程：

·指导教师请每位成员分享一件自己曾经做过的，以不恰当的行为来发泄不良情绪的事情。例如，和室友吵架后，趁室友不注意将他的东西扔进垃圾桶来泄愤。

·指导教师给每位成员发两张白纸，要求将一张剪成盾牌状，一张剪成爱心形状。

·成员完成后，要求他们将自己当时的行为（如将室友的东西扔进垃圾桶）写在或者画在盾牌上，将自己做出过激行为前的感受或者情绪（如和室友吵架时的愤怒）写在或者画在爱心上。完成后，将爱心贴在盾牌后面。

·指导教师邀请成员将盾牌粘贴在大白板上，并让成员分享自己所写或者所画的内容，描述自己当时的情绪感受，指导教师将成员的感受写在盾牌旁边。

·指导教师请全体成员用肢体动作或者表情来表达白板上列举的负面感受。

·表演结束后，请每位成员描述当时的生理反应，如愤怒时肌肉紧张、心跳加快、瞳孔放大等，指导教师将此类生理反应写在对应的感受旁边。

·全部结束后，小组讨论：过激行为和不良情绪之间有什么联系？情绪和生理反应之间有何关联？

（三）情绪雕塑

目的：练习情绪表达过程的具体化，总结情绪具体化对于情绪表达的影响。

时间：30 分钟。

准备：彩色橡皮泥。

过程：

·指导教师请每位成员挑选一块橡皮泥，并让成员在脑中回想一件让自己感觉不舒服的事情，把手中的橡皮泥捏出形状。成员彼此分享为什么要将橡皮泥捏出这种形状？有什么含义？

·指导教师让成员将手中的橡皮泥扔向空中让它自由坠落，接着请每位成员将橡皮泥拾起，重塑自己不舒服的感觉并再次扔向空中。如此重复两到三次。成员彼此分享当橡皮泥坠落时自己的感受。

·指导教师让成员再重塑一次橡皮泥，使之成为自己愿意接受的样子。邀请成员分享自己的作品，并告诉大家先前不舒服的感觉变成了什么。

模块四　我的情绪 ABC——情绪认知

总目标：帮助团体成员了解情绪认知的重要意义，学习情绪 ABC 理论，引导成员用理性信念替代非理性信念，达到情绪的和谐。

活动时间：60 ～ 100 分钟。

活动过程：

（一）叉手活动

目的：通过行为方式的改变来影响情绪，说明情绪是可控的。

时间：15分钟。

过程：

·指导教师请每位成员自然地将两手十指交握，并注意看十指是如何交叉的（是左手大拇指在上还是右手大拇指在上）。然后请大家松开后再次交握双手，这次交叉的方向要与上次相反，如左手大拇指在上的要改为右手大拇指在上。指导教师请成员讨论：当改变习惯性的叉手动作时，有没有异样的感觉，是否产生了抵触性的情绪？指导教师向大家说明这种细微的变化对于有些人来说可能没有影响，但是对于大多数人来说，改变一个习惯性的动作会引起不自在的感觉。同时，请成员讨论为了缓解这种情绪，我们可以采取什么样的办法？

·指导教师请每位成员按照自己不习惯的叉手方式连续做30遍，然后全体成员一起做一遍叉手动作，不限定手指的交叉顺序。看看有多少人改变了原有的叉手动作，这说明了什么？

·指导教师向大家说明，如果多数人改变了，说明习惯是可以改变的；如果少数人改变了，说明习惯的力量是巨大的，但是通过有意识地培养与训练，习惯是可以改变的。

（二）情景剧——张婆婆的忧愁

目的：帮助成员了解认知对于情绪的重要影响，懂得消极情绪是可以被缓和、转变的。

时间：20分钟。

准备：剧本。

过程：

·指导教师将剧本《张婆婆的忧愁》提前发给两位成员，请他们做好表演的准备。

·指导教师简要介绍背景，请两位成员上台表演。

·表演结束后，请大家一起讨论：同样的情况，为什么会产生不一样的情绪。

·指导教师总结思维方式和情绪之间的关系，导入埃利斯的情绪ABC理论。

（三）情绪遥控器

目的：引导成员探析事情、看法与情绪三者之间的关系，学会从积极的角度看待问题。

时间：50分钟。

准备：情绪遥控器练习表。

过程：

·指导教师安排成员以小组为单位围坐在桌边，发放情绪遥控器练习表。指导成员填写练习表的前三栏，在"烦恼的事"一栏中填写最让你烦恼的三件事；在"情绪脸谱"一栏中针对每件事画上相应的表情符号，代表这件事引起的情绪反应；在"我思我想"一栏中针对每件事，填写引起这种情绪反应的想法和认知。

·所有成员填写完练习表后，大家根据所填内容在小组内进行分享。例如，自己烦恼的事情，所带来的情绪上的变化，情绪背后的想法是什么等。

·讨论结束后，小组成员两两组合，交换练习表，由对方任选一件事填写"找原因"和"情绪遥控器"部分，即找出想法的不合理部分，并在"情绪遥控器"一栏填写积极的、理性的想法，从而完成情绪由消极到积极的转变。填写完成后双方交换练习表，交换想法，为什么要这样填写，这种想法有何帮助，每名成员需要找两位同伴完成填写。

·成员自己填写剩余的一件烦心事的"找原因"和"情绪遥控器"部分，找出自己认知中的非理性部分，形成合理认知。

·指导教师请成员拿出上次课布置的家庭作业，将心情故事填到练习表中，按照之前的步骤完成，并和大家分享。发放情绪智力测试表，请同学们填写。

模块五　我的心情我做主——情绪管理

总目标：学会感恩和珍惜生活。回顾、整合团体辅导的过程，评估团体辅导效果。

活动时间：60～100分钟。

活动过程：

（一）镜中人

目的：了解情绪是可以相互影响的。

时间：20分钟。

过程：

·成员两两组合，一人扮演照镜子的人，做出4～5种开心的动作和表情；一人扮演镜中人，模仿对方的样子。一轮表演结束后，双方互换角色，重新开始。

·分享讨论：当你照镜子做出各种开心的动作时，你的情绪是否有所变化？当你扮演镜中人，模仿对方的动作和表情时，你的情绪是否有所变化？

·指导教师请大家拿出上次辅导所填写的情绪智力测试表，告知情绪智力相关理论，说明情商不仅是大家所理解的人际交往能力，而且包括了对自己情绪的管理能力。

（二）能源加油站

目的：引导成员发现自己拥有的优势和宝贵资源，学会借助外部力量进行情绪管理。

时间：30分钟。

准备：笔、能源表。

过程：

·指导教师列举出几件生活中常发生的事情，如被别人羞辱、被长辈责骂、考试不理想等，邀请成员分享自己的应对方式。

·指导教师将能源表发给成员，请他们填写自己的能量来源，最内圈是自己情绪低落时最先寻求支持的人，最外圈是自己很少去找的人。

·请成员进行讨论：

1.哪种资源是自己最常用的？为什么？

2.哪种资源是自己很少用到的？

3.自己拥有的最充足的资源是哪项？

·总结：情绪是可以相互影响的，当情绪低落时，我们可以尝试从外部寻求帮助，缓解消极情绪。

（三）快乐大本营

目的：分享激发积极情绪的方法，体验积极情绪对自己的影响。

时间：30分钟。

准备：笔、彩色大卡纸。

过程：

·指导教师和大家分享开心时刻，然后请每位成员回想自己生活中的开心时刻。

·指导教师给每个小组发放一张大卡纸，写上"快乐大本营"。成员以小组为单位开展交流，归纳出让自己保持积极情绪的方法，遴选出一些有特色的方法作为秘密武器存入本组的"快乐大本营"。

·每小组派出一名代表将本组的"快乐大本营"贴在墙上，并介绍本组的秘密武器。

·指导教师请每位成员选出自己心中的十条最佳，并将其摘录下来作为自己的秘密武器，当情绪不好时可以使用上述办法进行调节。

（四）时光倒转

目的：回顾团体辅导的过程，缓解成员的离别情绪，评估团体辅导效果。

时间：15分钟。

准备：笔、团体辅导效果评估表、背景音乐。

过程：

·指导教师宣布此次团体辅导即将结束，引导成员回顾团体辅导的整个历程，分享此次团体辅导的感受，总结收获和不足，妥善处理好成员的离别情绪。

·请每位成员以不记名的方式填写一份团体辅导效果评估表，作为评估此次团体辅导效果的依据，为下次团体辅导的开展提供经验。

·全体成员手拉手围成一圈，合唱《夜空中最亮的星》，结束团体辅导。

第四节　时间管理辅导

随着生活节奏的加快和就业压力的加大，时间管理对大学生的学习生活和身心健康的作用越来越重要。时间管理与大学生的学习成绩、主观幸福感、成就动机等密切有关。因此，大学生的时间管理对于提升自我管理水平，促进心理健康具有重要作用，一定程度上决定个体的综合素质。当前，多数大学生，尤其是低年级的大学生对时间安排感到无所适从，如何正确利用时间、管理时间已成为大学生最关注的话题之一。

通过时间管理主题的团体辅导，成员不仅可以获得多样化的资源，而且行为还能得到及时反馈，同时，团体承诺的作用会增强行为改变的动机。与其他训练方法相比，团体辅导有利于成员掌握更加有效的时间管理技能，提高自己的时间管理水平，养成良好行为习惯，改善学习和生活质量。

模块一　认识你我他——团队初建

总目标：让成员相互熟悉，初步形成彼此关注的情感；协助成员了解团队性质和课程目标，形成团体名称，拟定团体规范，建立共识和默契。

活动时间：60～90分钟。

活动过程：

（一）循环自我介绍

目的：采取随机的方式，让学员互相了解，初步形成团体，培养团队内部的默契度和集体荣誉感，营造欢乐的活动氛围。

时间：25分钟。

准备：桌椅。

操作：

·指导教师先让团体成员在房间里自由漫步（让成员自然相遇），鼓励成员见到其他成员时，微笑并握手。当指导教师说："停。"每个成员与正在面对的人或正在与自己握手的人就成了朋友，两人一组，面对面，进行自我介绍。介绍的内容包括：姓名、班级、性格特点、个人兴趣爱好等。当对方自我介绍时，倾听者要全身心地投入，通过语言与非语言的观察，尽可能多地了解对方。

·两个2人小组合并，形成4人一组，每位成员将自己刚认识的朋友向另外两位新朋友介绍，然后4人一起自由交谈3分钟。

·两个4人小组合并，8人围圈而坐。从其中一个人开始，每人用一句话介绍自己，一句话中必须包含三个内容：姓名、班级、自己与众不同的特征。规则是：当第1个人说完后，第2个人必须从第1个人开始讲起，第3个人一直到第8个人都必须从第1个人开始讲起，这样做可以使全组注意力集中，有协助他人表达完整、正确的倾向，而且在多次重复中，不知不觉地记住了他人的信息。例如：

A：我是来自××专业，性格××的××。

B：我是来自××专业，性格××的××，旁边的是来自××班，性格××的××……

（二）时间成语

目的：营造温暖、安全的团体心理氛围，使学员放松身心，集中注意力，聚焦辅导主题。

时间：15分钟。

准备：白板笔、A4纸。

操作：

·各小组给自己的小组起名，要求名称是一个与时间有关的成语，如"光阴似箭""闻鸡起舞""只争朝夕""分秒必争"等。

·各小组以自己的名称为主题，全体成员用动作展示该名称的含义，并大声喊出小组名称，写在纸上。例如，"我们是'只争朝夕'小组。"

·指导教师对各组的名字进行简单点评，以接纳的态度欣赏学员的创意。促使学员学会欣赏、接纳他人，以积极、健康的心态进入团体辅导。

（三）签订契约

目的：形成成员对规范的共识，明确团队期望。

时间：15分钟。

准备：白板、白板笔、水笔、团体契约。

操作：

·小组讨论：参加此次团体辅导过程中应该遵守哪些规则，各组选派一位学员报告讨论结果，并说明对团体辅导的期待。

· 指导教师总结团体成员的期望。

· 带领大家学习团体契约。

· 现场签订团体契约，请一名学员将签名后的团体契约贴在活动室墙上。

模块二　一寸光阴一寸金——活动价值澄清

总目标：通过时间管理主题活动，帮助成员自我探索，感受到时间对人生发展的重要意义，从而产生对时间的紧迫感，懂得珍惜时间。体会如何有效利用时间，在有效的时间单位里创造更多的价值，通过讨论，促进学员间的相互学习，学习他人如何利用时间的技巧，利用集体智慧寻找更好的时间利用方式。

活动时间：90 ～ 120 分钟。

活动过程：

（一）感受 1 分钟

目的：让学员们意识到生命是由一分一秒的时间组成的，要珍惜时间。

时间：25 分钟。

准备：A4 纸和水笔。

操作：

· 让学员用手击掌，注意记下击掌次数，1 分钟后让学员报数。

· 允许学员做短暂的讨论。

· 当学员讨论气氛有热烈趋向时，暂停讨论。导入以下故事：

有一位记者去采访某位成功人士，成功人士打开门后对记者说："先生，我只能给您一分钟时间。"这时，记者看到了成功人士的身后是杂乱无比的客厅，茶几上满是烟蒂、吃过的饭盒，地上也堆满了书籍、碟片。记者说："先生，我是想采访您成功的经验，可是一分钟时间不够做任何事情啊！"成功人士说："噢，这个问题啊，那一分钟后，我来回答你。"于是成功人士回到房间里并且关上了门，一分钟后，成功人士重新打开门，指着整洁一新的客厅看看表，对记者说："看，一分钟刚好，这就是我成功的经验。"

· 分组讨论，提出问题："大家听到这个故事有何感想？你们觉得一分钟可以做些什么呢？"

· 每组推荐一名学员参与交流、分享。请指导教师注意引导，关注学员们的新奇想法。

· 对导入故事进行简单总结：通过今天的活动，应该意识到，一个一分钟是干不了什么大事，但很多学员以前浪费掉的时间可远不止一个一分钟，把这些时间积累起来就是我们平时总也寻找不到的大块时间。所以，今后应该从行动上做到珍惜每一分钟。

（二）撕纸人生

目的：引导成员对时间这一概念有直接、感性的认识，体验时间的珍贵。

时间：30 分钟。

准备：A4 纸和笔。

操作：

·假如现在你个人的生命处于 0 ～ 100 岁之间，接下来我们来玩一个游戏，请准备一张长条纸，用笔将它划成 10 份（中间部分刚好每两列一份代表生命中的 10 年，分别写上 10、20 等，最左边的空余部分写上"生"字，最右边的空余部分写上"死"字）。

·给大家提几个问题，请大家按要求去做：

第一个问题：请问你现在多少岁？（过去的生命再也回不来了！把相应的部分从前面撕掉）

第二个问题：请问你想活到多少岁？（如果活不到 100 岁的话就从后面把相应的部分撕掉）

第三个问题：请问你想多少岁退休？（请把相应的退休以后的部分从后面撕下来，不用撕碎，放在桌子上）

就剩这么长了，这是你可以用来工作的时间。

第四个问题：请问一天 24 小时你会如何分配？

一般人通常是睡觉占了 1/3 的时间，吃饭、休息、聊天、游玩等又占了 1/3 的时间，其实真正可以工作、有生产力的时间约 8 小时，只剩 1/3，请将之前剩下的部分折成三等份，并把 2/3 撕下来，放在桌子上。

第五个问题：比比看。

请用左手拿起剩下的 1/3，用右手把退休那一段和刚才撕下的 2/3 加在一起，并思考一下，你要用左手 1/3 工作赚钱，刚才撕下来的 2/3 是吃喝玩乐及退休后的生活时间。

第六个问题：想一想。

你要赚多少钱、存多少钱才能养活自己，这还不包括给父母、子女、配偶的。

第七个问题：请问你现在有何感想？

第八个问题：请问你会如何看待你的未来？

·指导教师总结时间的重要性以及职业对人生的重要性。

（三）时间圆饼图

目的：促进成员反思自己时间安排的合理性，培养成员的自我管理能力，提高学习效率。

时间：20分钟。

准备：彩笔、A4纸。

操作：

·指导教师导入：一天有24小时，你如何分配这24小时，如何有效地利用这24小时？多少时间是你自己能够掌控的，多少时间是你无法控制的？如何选择优先要做的重要事情，你能够把它完成吗？现在我们来制作自己的"时间馅饼"。

·指导教师发给每位学员一张白纸，让其在纸上画一个圆，并根据自己的实际情况将圆做成24小时的作息表。让大家回忆过去的24小时内发生的事情，要求尽量详细地回忆，并把这些事情记录在相应的时间段内。同时，将不可改变的时间涂上阴影，可以改变的部分留白。

·与小组成员交换馅饼，看看别人制作的馅饼与自己的有什么不同。然后讨论如下问题：你一天的时间够用吗？哪些事情使用了较多的时间？哪些事情被忽略了？是否需要重新调整你的馅饼分割，调整的原因是什么？

·小组成员一起制作小组"理想馅饼"，然后小组长代表小组在团体中展示自己小组的"理想馅饼"。

·注意事项：画"馅饼"是一个思考的过程。指导教师应根据学员的不同情况提出讨论主题，如针对浪费时间的学员，引导他们讨论如何让时间使用得更合理、更有意义；针对没有计划的学员，引导他们讨论与思考如何有计划地生活。所谓的"理想馅饼"，是指大家公认的一天中的大部分时间应该用于何处，小组在讨论中应当考虑，如何调整自己的不合理时间安排，学会有计划地生活，学会规划自己、管理自己。

模块三　我待我时——学会规划时间

总目标：帮助成员科学设立并完善自己的时间管理目标，洞察时间管理中的阻碍因素，学会排除外界干扰，明确自己应该把时间用在哪些地方，合理安排时间。

活动时间：90～120分钟。

活动过程：

（一）按图索骥

目的：加强成员之间的相互交流，促进信任和团结。

时间：15 分钟。

准备：对号入座卡片。

操作：

· 团体领导者事先准备好对号入座卡片，描述的内容可以很抽象，也可以很具体，有的卡片可以对应很多人，有的卡片可以只对应一个人。

· 让成员随机抽取卡片，根据卡片的描述寻找相应的人。

（二）目标设置的 smart 法则

目的：通过小组讨论让学员发现自己制订的计划中存在的问题，并引出目标制定 smart 法则。

时间：30 分钟。

准备：计时工具、A4 纸和笔。

操作：

· 指导教师导入：计划无法顺利执行往往在于制订的目标缺乏合理性。明确的目标是做好时间管理的基础。了解自己的价值观对于制订自己的长、短期目标都具有非常重要的意义。大家在制定目标时应该遵循以下几个原则：具体（specific）、可衡量（measurable）、可达到（attainable）、相关（relevant）、时间限制（time-based）。

· 成员在团体中寻找学习目标相似的伙伴，两人一组对照自己的时间日志进行讨论。每个成员针对自己学习计划督查表上的某一个目标进行目标设置练习，并与配对的成员讨论目标的设置是否合理。

· 配对的成员分别向对方承诺，在接下来一周中将相互监督，每天报告学习计划，交流学习成果。

（三）分身无术怎么办

目的：帮助成员分清主次，学会科学、合理地安排时间，充分掌握利用时间的技巧。

时间：40 分钟。

准备：A4 纸和水笔、白板和白板笔。

操作：

· 指导教师导入案例：小 C 是班级的学习委员，也是学校学生会的干部，还是文学社的骨干，平时总是需要面对许多的学习与工作任务。一天清晨，小 C 刚走进校门，便碰到几个邻班的好朋友，他们对小 C 说："今天中午 12∶15，我们一起去图书馆看体育杂志啊！"步入教室的小 C 看到黑板上写着"今天中午 12∶20 ～ 13∶10 学校将会举行英语百词竞赛。"他这才想起自己是班里推荐的参赛选手之一，这时突然有一个学生会的干部过来和小 C 说："小 C，团委王教师让你今天中午 12∶30 召集大一年级全体学习委员开会，商量明天演讲比赛的事情。"刚坐到位子上，大二文学社的社长跑进来对小 C 说："今天中午 12∶35 我们文学社成员开会，商量一下周六外出采访的事，你有主要采访任务。"社长刚走，物理教师走进教室，对学员们说："今天中午 12∶25 我们集中讲一下上节课的作业，把作业做错的人很多，只有小 C 等几个学员做得不错。"

·信息提炼：

今天中午要做的事情：

（1）12∶15，看体育杂志。

（2）12∶20，学校英语百词竞赛，自己是班级推荐的选手之一。

（3）12∶25，物理作业讲评，自己做得不错。

（4）12∶30，召集学习委员开会，商量关于明天演讲比赛的事情。

（5）12∶35，文学社商量周六采访的事情，自己有主要任务。

·指导教师提出问题：

（1）如果你是小 C，那天中午你将选择去做哪件事呢？为什么？

（2）根据学员的回答，追问：那么其他的事情怎么办呢？有什么办法可以把这五件事情中的内容都安排好吗？

（3）学员讨论并分享。

·指导教师总结引导。

（四）拖延行为自查

目的：促进自我了解，认识导致学业和工作拖延的原因。

时间：30 分钟。

准备：大学生拖延量表。

操作：

·填写大学生拖延表，根据实际情况判断 15 个句子，符合自身情况的记 1 分，不符合的记 0 分。

1.上学或赴约时，我总是迟到。

2.我经常不能及时归还借来的东西。

3.我很少利用课间时间来做作业。

4.我常会在最后期限到来之前拼命地赶作业。

5.当考试期限逼近时，我常发现自己仍在忙复习以外的杂事。

6. 要参加一个重要场合时，我总是当天早上匆忙地找要穿的衣服和要带的东西。

7. 总觉得时间还有，不必着急。

8. 别人怎么催，我也不为所动，习以为常了。

9. 我开始做一件事情之前总是要先磨蹭一会儿才开始干。

10. 写作业时我经常边吃零食边写。

11. 任务临近最后期限，我经常自我安慰：还来得及，不行就通宵赶工。

12. 总会出现这种情况：忙了半天，最紧要的事没做。

13. 总是"伪加班"，晚上八九点钟能做完的功课，事实上却拖到很晚才做完。

14. 遇到困难时我总想着：明天再说吧。

15. 我常会过高地估计自己在指定时间内能完成的工作量。

·测验结果分析。

0～4分：轻度拖延。还在可控范围，但是要当心了！要快点找到原因，将拖延症扼杀在萌芽阶段。

5～11分：中度拖延。拖延可能已经成为你的一种习惯，改变要从现在做起。马上制订"摆拖"计划，严格执行吧！

12～15分：重度拖延。建议向专业机构求助，重新审视和自我定位，改变需要大量的毅力和耐力！仅凭自身力量已经不够，可以请家人协助督促，会有更好的效果。

·小组讨论：指导教师给每个小组提供一份素材，根据测试结果，讨论如何终结拖延行为。

模块四　做时间的主人——提高时间管理效能

总目标：帮助成员规划时间，学会取舍和分类，克服惰性，改进时间和管理策略，提高时间管理信心。

活动时间：90～120分钟。

活动过程：

（一）作业体会和感受

目的：通过对时间利用情况的分析，让成员认识到自己在时间管理中的问题。通过成员之间的讨论，思考解决办法。

时间：20分钟。

操作：

·小组分享：自己在时间管理上除了拖延还存在哪些干扰因素？

·团体分享：每组选派一名代表分享小组讨论结果。

·指导教师小结：你们觉得这样的状况好吗？你们想改变吗？要想改变这种状况，第一需要你有改变现状的决心；第二需要你提高两种能力，即专心专注的能力以及抗干扰的能力；第三需要掌握时间管理的办法，了解自己的时间黑洞，越忙越要有计划，等等。这样才能节约宝贵的时间。

（二）时间管理小技巧

目的：学会如何节约时间，确定目标与优先级。

时间：30分钟。

准备：时间管理技巧清单。

操作：

·指导教师给每人发放时间管理技巧清单。

·小组分享时间管理技巧清单。

（三）番茄工作法

目的：减轻时间焦虑，提升集中力和注意力，减少中断，唤醒激励和持久激励，巩固达成目标的决心。

时间：30分钟。

准备：番茄工作法表格。

操作：

·指导教师给每位学员发放番茄工作法表格。

·指导教师请学员课后完成番茄工作法表格。

·指导语：每天开始的时候规划今天要完成的几项任务，将任务逐项写在列表里（或记在软件的清单里）。

·设定你的番茄钟（定时器、软件、闹钟等），时间是25分钟。

·开始完成第一项任务，直到番茄钟响铃或提醒（25分钟到）。

·停止工作，并在列表里该项任务后画个记号。

·休息3～5分钟，活动、喝水等。

·开始下一个番茄钟，继续该任务。一直循环下去，直到完成该任务，并在列表里将该任务划掉。

·每4个番茄钟后，休息25分钟。

在某个番茄钟的过程里，如果突然想起要做什么事情，有以下两种处理方法：

1.必须马上去做的事，停止这个番茄钟，并宣告它作废（哪怕还剩5分钟就结束了），去完成这件事情之后，再重新开始同一个番茄钟。

2.不是必须马上去做的事，在列表里该项任务后面标记一个逗号（表示打扰），并将这件事记在另一个列表里（比如叫"计划外事件"），然后接着完成这个番茄钟。

模块五　明天会更好——笑迎未来

总目标：回顾和整理团队经验，总结团体活动中自己在认知和行为上的改变，分享收获与感悟，处理离别情绪，展望未来。

活动时间：60～90分钟。

活动过程：

（一）数数我有几个番茄

目的：验证番茄工作法的效果。

时间：20分钟。

准备：A4纸和水笔。

操作：

·请大家总结过去一段时间内使用番茄工作法的效果。思考如何才能获得番茄，怎么样得的多，怎么样得的少。

·每组选派一名学员分享番茄工作法对自己提高学习执行力有什么样的影响以及自己是如何执行番茄工作法的。

（二）我的休闲时光

目的：帮助学员学会处理学习与休息的关系，注意劳逸结合，维护身心健康。

时间：30分钟。

步骤：

·指导教师导入：充分利用时间并不意味着马不停蹄地学习与工作，适时的休息会让我们的学习更有效率。我们应该科学地使用大脑，劳逸结合，无论多么繁忙，都要给自己留出足够的睡眠时间，使自己恢复体力，保持健康，这样才能以旺盛的精力投入到每天的学习中。此外，我们要给自己留出娱乐、体育锻炼、与朋友交往的时间，使自己能够调节身心，释放紧张与压力，品味生活，感受生活的丰富与美好。

·每位学员谈谈自己喜欢的休闲活动及休闲时间如何度过，如喜欢的体育活动、喜欢的娱乐活动，周末及假期如何度过等。然后每位学员谈谈每周自己用多少时间与家人或朋友、学员交谈，通常在什么时间与他们交谈。

·小组交流：当自己感到学习紧张、压力大时用什么方式来调节。

·指导教师引导学员做有意义的休闲活动，如周末打球、听音乐等，愉悦心情，放松身心。有些学员周末整天打游戏、沉溺于网络，晚上睡得很晚，甚至通宵打游戏，不仅身体得不到休息，反而更加疲劳。师生之间的交流，会让他们获得启发，促使他们继续探索有关自己和其他学员的事情，增进彼此的了解与关心，从而改变自己的不良休闲方式。

（三）签订时间管理合同

目的：达成默契，形成共识。

时间：15分钟。

准备：时间管理合同样本、笔。

操作：

·指导教师发放时间管理合同，请学员们阅读、签名并留存。

（四）分享

时间：20分钟。

操作：

·学员在一起分享自己参与活动的体会。指导教师应该给予每位学员发言的机会，限于时间，每人可以用一句话表达。主要内容包括：参加辅导活动后的想法与感受，团体辅导对自己的意义，给自己带来的改变，自己在辅导中对其他学员的观察与认识，自己最喜欢哪个辅导活动，对个人来说辅导中最有用的部分是什么，自己想说的话等。

·请全体成员填写团体辅导效果反馈调查表。

·指导教师结束语：时间静躺着，宛若不息的河，我们枕着古老的土地，唱着岁月的歌。如果时间能够竖立，历史将会鲜活；如果时间能够立体，给我一次美丽。

第五节　思维创新辅导

创新能力是当今世界范围内经济和科技竞争的决定性因素，培养具有创新精神和创新能力的人是世界各国教育改革的共同抉择。高层次人才在国家创新体系中具有举足轻重的地位，是创新人才队伍中的主力军，高校是培养高层次专业人才的场所。因此，加强高校大学生的创新创业教育对建立创新型国家具有特别重要的意义。

当前，大学生创新创业教育尚处于探索时期，这一阶段突出的问题是大学生创新意识不强、创业成功率低等。鉴于此，高校要更加深入地开展创新创业教育，积极探索适合当代大学生创新创业能力培养的教育模式。

思维创新团体辅导以大学生的成长和发展为中心，提升大学生的自主创新意识，增强大学生创新性思维水平的训练，强化大学生的创新品质，处理好创新手段与目的的关系。同时，在训练过程中，同学们还要学习如何进行团队协作、如何处理突发问题等，这些可以更好地提升大学生的核心竞争力。

模块一　我们都一样——建立团队

总目标：引发个人参与团体的兴趣；主动介绍自己与别人相识；介绍课程的总体目标和开展方式；表达你对课程的期望；共同签订团体规范。

时间：60～70分钟。

活动活动过程：

（一）破冰游戏：大风吹，小风吹

目的：热身，活跃气氛，让所有团队成员放松，并以愉快的心情参与活动，加强成员间的熟悉和了解。

时间：15分钟。

准备：椅子。

操作：

·小组成员围成一圈，每个人都有一个属于自己的位置，由指导教师开始说大风吹，所有成员回应"吹什么"，指导教师说一部分小组成员身上有的物品或特征。例如，可以说"吹戴眼镜的人"，等等。指导教师说完所有被吹到的人，拥有这些特征的成员需要互换位置，没有被吹到的成员待原地，换位置时不能持续两人互换或坐回原位。

·大风吹中还有另一个口令，叫小风吹，当指导教师说到小风吹时，被小风吹到的人原地不动，没被吹到的人需要互换位置，如指导教师说小风吹，所有成员回应"吹什么"，指导教师说："吹穿红色衣服的人。"那么所有穿红色衣服的人原地不动，穿其他颜色衣服的人需要互换位置，同样，换位置时不能持续两人互换或坐回原位。

·出错的大学生上台进行自我介绍，并给大家表演一个节目。

（二）形成团队：期望盾牌

目的：让学员互相认识、熟悉，建立信任，促进团队形成。

时间：20分钟。

准备：便利贴、笔、盾牌形状的一幅图。

操作：

·发给成员每人一张便利贴，写上自己在团体活动中，希望得到的收获，实现的愿望等，并签名。

·成员分享各自的期待和愿望。

·分享后将便利贴贴在"期望盾牌"上。

·指导教师对团体辅导目标进行总结。

（三）签订团体契约

目的：签订团体契约，保证团体活动的顺利进行。

时间：25分钟。

准备：胸卡、大白板、白板笔、水性笔、团体契约。

操作：

·每位成员写胸卡，注明姓名、年级、专业，佩戴胸卡。

·形成团队小组。自由分组，请全体成员站成一圈，按照一、二、三、四报数，所有报一的为第一组，依次为第二组、第三组、第四组。人数少的时候可以分为两组或者三组，一般6至8人为一组。

·小组讨论：参加团体辅导过程中应该遵守哪些规则？各组派一个人报告讨论结果。

·指导教师将所有讨论结果汇总在大白板上。

·将汇总结果反馈给每个成员，最终定稿形成团队的活动契约。

·指导教师带领大家学习团体契约。

·现场请每位成员在团队契约上签字。

·请一名大学生将签名后的团体契约贴在活动室墙上。

（四）总结

时间：5分钟。

操作：

·指导者欢迎每位成员参加团体活动，并简要介绍团体目标和开展方式。

·发放团体辅导成员名册给每位成员。

模块二　相识有创造力的我——发挥创新潜能

总目标：引导大学生挖掘自我潜能，激发大学生的创造和创新能力。

活动时间：80～90分钟。

活动过程：

（一）可爱的同学

目的：发挥成员的想象力，使大脑迅速活跃，并进入积极思维的状态。

时间：10分钟。

操作：

· 对所想象的物品进行造句，句子的内容越有创意越好。

· 所想象的物品可以有：洋葱、毛巾、电脑、口香糖、键盘等。

· 例句：同学像风油精，在我瞌睡的时候给我力量，帮我振奋精神。

· 分小组讨论，每位成员在小组里进行创意造句。

（二）用创造性的方式介绍自己

目的：引导大学生创造性地介绍自己，发挥自己的创造力。

时间：15分钟。

操作：

· 指导语：请每位成员用创造性的方式介绍自己，向大家展示自己的创造力。可以借五种感官向大家介绍自己，也可以现场自由发挥。

· 例如：我的姓名是××，我是一名××，我用五种感官来介绍自己：我看起来像一阵风，做事迅速；我闻起来像海边清风，清新亮丽；我摸起来像一个气泡，晶莹透亮；我听起来像风吹海浪，清脆悦耳；我品尝起来像圣代冰淇淋，甜而不腻。

· 每位成员思考3分钟。

· 分小组讨论，每位成员在小组内创造性地介绍自己。

（三）改进项目单，激发创造潜能

目的：认识每个人的创造力，并不断激发创造潜能。

时间：20分钟。

操作：

· 请大家列出使你烦恼的某些学习、生活用品（至少三种），说明需要改进的具体方面；同时，针对其中一种具体用品，设计几种解决方案，并说明细节。

· 分小组讨论，每位成员在小组里进行介绍。

（四）成果与分享

时间：30分钟。

操作：

· 请每组派一名代表来分享本组最有创造性的自我介绍。

· 请每组另派一名代表来详细介绍本小组的特色创意，如何对某种学习或者生活用品进行改进和完善（至少用三种方法）。

·请大家结合前面两个分享，进行思考，我们是采用什么样的方式打开思路、激发创造潜能的？（提示：根据音、形、意联想，结合社会、生活所需等）

（五）总结

时间：10分钟。

·创造能力属非智力因素，创造能力的内在动力机制集中体现为强烈的创造动机、顽强的创造意志和健康的创造情感，它反映出创造主体良好的思想面貌和精神状态。

·创新思维是可以培养的。通过训练，成员能够独辟蹊径地看待并解决问题，从而逐渐养成创新思维。创新能力是创新思维的最大化，它需要时间和有意识的练习才能达到经常化。

模块三　思维无极限——拓展创新思维

总目标：打破大学生的思维定势，引导大家发散思维，向唯一性和完美性挑战。

活动时间：80～90分钟。

活动过程：

（一）激发创造性思维

目的：激发成员的创造性思维，帮助大家突破自己想象力的局限性。

时间：15分钟。

准备：大白板、硬纸板、白板笔、纸、笔、相关题目。

操作：

·指导教师组织思维训练游戏。

·指导教师展示硬纸板卡片，并提出问题："1+1=？"根据给出的等式，让成员给出不同的答案。

·指导教师向成员提问："请用四条直线一笔将如下九个小圆点（图7-1）连起来，不能重复。重复将被计作两条直线。"请一位成员上台展示。

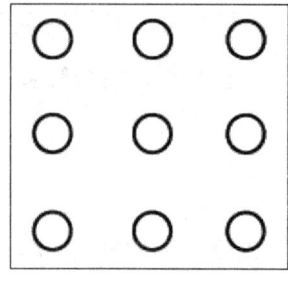

图 7-1　圆点

·指导教师向成员提问："请用三条直线一笔将如下九个圆（图 7-2）连起来。"请一位成员上台展示。

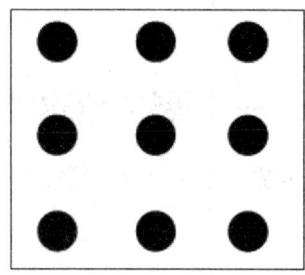

图 7-2　圆

·指导教师向成员提问："请用一条直线一笔将如下九个三角形（图 7-3）连起来。"请一位成员上台展示。

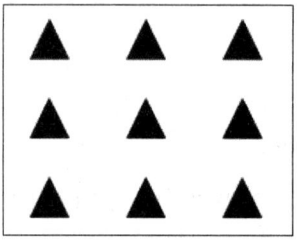

图 7-3　三角形

·指导教师向成员提问："只移动三张卡片，使三角形（图 7-4）的顶角指向你。"请一位成员上台展示。

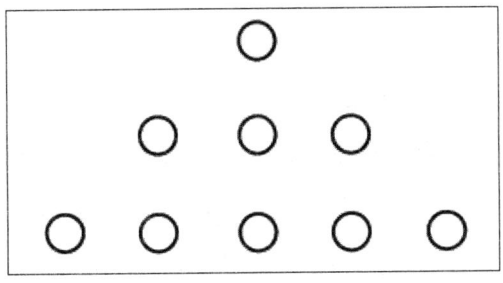

图 7-4　三角形

·指导教师向成员提问："只移动两根火柴棒，使同样的 16 根火柴棒（图 7-5）变成只有四个正方形，各正方形应该互相连接，且与原来正方形的大小相等。"请一位成员上台展示。

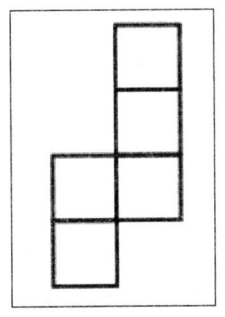

图 7-5　火柴棒

·指导教师总结：打破常规思维，建立新的思维模式。

（二）主题活动：曲别针的用途知多少

目的：突破常规思维，打破思维定势。

时间：15 分钟。

准备：曲别针、大白纸、笔。

操作：

·指导教师拿出一些曲别针，向学员提问："大家能说出曲别针有哪些用途吗？"

·分小组讨论，并简要列出纲目。

·请每组派一名代表来分享本组讨论的曲别针的用途。

·等成员代表分享完毕（估计学生能说出的大约在几百种，一般都是就用途说用途，不成系统性），问问学生是不是就这么多了，还有吗？

·指导教师告诉学生曲别针有亿万种用途。中国的一位以"思维魔王"著称的怪才许国泰先生提出，通常我们想到的曲别针用途可以用四个字概括，这就是钩、挂、别、联。要启发思路，突破这种思维局限，最好的办法是借助于简单的形式思维工具——信息标与信息反应场。许先生把曲别针的总体信息分解成重量、体积、长度、截面、弹性、直线、银白色等 10 多个要素。再把这些要素用标线连接起来，形成一根信息标（x 轴）。然后，再分析与曲别针有关的人类实践活动要素，连成信息标（y 轴），最后形成信息反应场。

·指导教师总结：这种新的发散式思维能够打破原有的思维局限，特别是对创造者来说，可以提供一种全新的思考方式，被称为思维"魔球"现象。

（三）砖头问题

目的：按照一定的逻辑扩散思维，将思维方式分类，形成系统思维。

时间：15 分钟。

操作：

·指导教师：刚刚，我们运用扩散思维了解了曲别针的用途，下面我们来看看砖头的用途。请借鉴刚才的思维方式，回答"砖头有什么用途？"

·分小组讨论。

（四）成果与分享时间：20 分钟。

操作：

·请学员分享自己或者本组其他人是如何思考"砖头有什么用途？"这个问题的。

·对学生的分享进行延伸，除了运用发散思维说出砖头的用途外，还可以按照一定的逻辑，如按照砖头的属性（形状、重量、颜色、硬度、化学性质）可以想到其具有不同的用途。

·引导学生按照一定的思维逻辑进行扩散，从而产生多种创意。

模块四　创造活动小技巧——掌握创造技法

总目标：提高学生思维的流畅性，掌握并学会应用创新方法来解决问题。

活动时间：80 ～ 90 分钟。

活动过程：

（一）脑洞大开

目的：训练学生思维的"流畅性"，使他们学会在短时间内迅速作出反应，并解决问题。

时间：15 分钟。

准备：纸、笔。

操作：

·指导教师依次提出 A、B、C 三个任务。

A.请在一分钟内尽可能多地写下白色的可以吃喝的东西。

B.请在一分钟内写出报纸的用途，越多越好。

C.请大家根据指导教师提供的一个词，在 3 分钟内对词语顺序联想，数量越多越好，尽量让思维跳跃前进，但要求每两个相邻的词之间必须有联系。例如，"水—河—山—森林—野兽—神话……"

·请学员用纸笔答 A 题和 B 题。

·每组请一位学员在黑板上写下 C 题的词串，轮流进行两次。

·分组讨论，针对 A 题和 B 题你写出了多少个答案？有没有在联想到哪个词后思路有突然被打开的感觉？这个词给你的启发是什么？针对 C 题，上述 5 个答案哪个属于思维跳跃度较大的？哪个属于思维跳跃度较小？讨论后，请思维跳跃度较大的同学分享联系过程，或解释别人难以理解的某个联系词的前后逻辑。

（二）"5W2H"法训练

目的：学习并掌握"5W2H"法，通过这种方法发现解决问题的线索，寻找发明思路，进行设计构思，从而创造项目。

时间：20 分钟。

准备：纸、笔、"5W2H"法应用案例。

操作：

·给每位成员发放"5W2H"法应用案例或者采用课件方式演示在屏幕上。

·指导教师讲解什么是"5W2H"法以及如何运用这种方法。

·分小组完成任务：策划在本城区开一个文具店。

（三）聪明十二法训练

目的：学习并掌握聪明十二法，以设问法，激发创造思维。

时间：20 分钟。

准备：纸、笔。

操作：

·指导教师讲解什么是聪明十二法以及如何运用这种方法，可以采用课件的方式在屏幕上演示。

·分小组完成任务：运用聪明十二法，对小组某一成员脚上的鞋子进行创意思考。

（四）成果和分享

时间：30 分钟。

操作：

·请每位成员分享如何运用"5W2H"法来开一个文具店或者用聪明十二法对脚上的鞋子进行创意改造。

·训练成员通过抓住事物的主要特征，学会运用设问法产生新创意，打开思路。

模块五　激发团体创造力——脑力激荡

总目标：训练大学生思维的变通性，激荡脑力，创造性地解决问题。

活动时间：80 ～ 90 分钟。

活动过程：

（一）思维闯关

目的：训练大学生思维的变通性，引导大学生突破常规的思路，触类旁通，创造性地解决问题。

时间：15 分钟。

准备：6 个杯子、水、A3 纸若干、小奖品。

操作：

·指导语：请试着克服惯常的思维模式来解决以下两个问题，每个问题挑战成功的同学将获得小奖品。

·待解决的问题：

A. 拿出 6 个杯子，左边的 3 个杯子装着水，右边的 3 个杯子是空的，请同学到讲台上，只挪动 1 个杯子，把它们排列成有水杯和空杯间隔相放的布局。

B. 请两位同学面对面笔直地站在一张 A3 大小的纸上，不允许把纸剪开或者撕开，不允许其他同学帮忙，也不允许碰到对方。

·请小组成员讨论：我们通常的思维常规是什么？解决问题的难点在哪？怎么想到解决办法的？这个游戏对你有什么启发？

·请成员代表分享讨论结果并演示讨论结果。

·指导教师点评：跳出思维定势不容易，当我们以常规的方法解决不了问题时，不妨跳出原有的思路，换个角度思考，也许就会柳暗花明了。

（二）联系图片

目的：运用联系图片的方法，创造尽可能多的产品理念。

时间：20 分钟。

准备：两组四张图片、纸、笔。

操作：

· 协助者将四张图片粘贴在白板上，每张图片含有不同的人口信息，在每一张图片上写下："这个人需要什么？"图片上的人口信息分别是下列人群中的一种：婴儿或者幼儿；中年男士；中年妇女；老先生或者老太太。图片不能有地方特色和背景，否则在"脑力激荡"时可能会对想象力产生影响。协助者再给每组随机发一张照片。

· 指导教师要求各个小组联系这张照片，针对问题："这个人需要什么？"5 分钟之内在纸上写下尽可能多的能够想到的产品。各个小组需要意识到他们将要与其他小组进行比赛。

· 指导教师巡视各个小组，鼓励他们加油，让思维运转起来。同时思考一下这个人将来需要什么。

· 10 分钟到了之后，协助者宣布："时间到！"要求每个小组将他们的产品编号，统计本组提到的产品的数目，用红色记号笔删除那些提到两次的或者那些表示集合名词的或者品牌的名字。

· 指导教师给提出最多数目的小组代表颁奖。

（三）成果和分享

时间：25 分钟。

操作：

· 请每位成员分享：思维定势会对我们造成什么影响？哪些是有利的，哪些是有弊的？

· 我们可以通过怎样的方式来促进大家在团队中提出更多、更好的创意？

· 讲解"脑力激荡"法（头脑风暴法）。

（四）总结

时间：10 分钟。

· 勇于突破常规思维，打破思维定势。

· 了解和掌握创新训练方法，如 5W2H 法、聪明十二法。

· 按照一定的逻辑进行思维发散，不能随意发散。

· 创新能力和思维是可以培养的，可以通过训练来不断完善自己。

（五）美丽彩虹

目的：结束团队活动，缓解离别情绪，相互鼓励，彼此支持，圆满结束。

时间：15 分钟。

准备：团体辅导反馈表。

操作：

·请全体成员填写团体辅导效果反馈调查表。

·指导教师请全体起立，大家站着围成一圈，每个人简单表述自己在活动中的体会以及下一步的打算，给自己积极的心理暗示，未来就像彩虹一样绚丽多彩。

参考文献

[1] 刘薇.高校团体心理辅导与生涯规划协同教育研究 [M].成都：西南交通大学出版社，2018.

[2] 同雪莉.团体心理辅导 [M].西安：西北大学出版社，2011.

[3] 刘勇.团体心理辅导与训练 [M].第 2 版.广州：中山大学出版社，2018.

[4] 李军霞.校园团体心理辅导理论与实务 [M].长春：东北师范大学出版社，2018.

[5] 刘视湘，朱小茼，贺双燕.团体心理辅导实务 [M].北京：首都师范大学出版社，2015.

[6] 滕秋玲.大学生团体心理辅导的理论与实践 [M].北京：北京理工大学出版社，2017.

[7] 罗京滨，曾峥.大学团体心理辅导实操指南 [M].广州：暨南大学出版社，2009.

[8] 潘莉莉.大学生团体辅导的理论与实践 [M].合肥：合肥工业大学出版社，2018.

[9] 廖冉，张静.大学生团体心理辅导方案指南 [M].北京：知识产权出版社，2013.

[10] 吴少怡.大学生团体辅导与团体训练 [M].济南：山东大学出版社，2010.

[11] 孙璐.大学生团体心理咨询理论与实践 [M].成都：电子科技大学出版社，2015.

[12] 任世伟，段生成，金玉龙.职业院校学生团体心理辅导活动指导实案 [M].兰州：甘肃人民出版社，2011.

[13] 侯志瑾，常雪亮.团体的力量学生生涯团体辅导手册 [M].北京：清华大学出版社，2017.

[14] 章亦华，鲁石.心舞飞扬大学生团体心理活动读本 [M].苏州：苏州大学出版社，2018.

[15] 上官郑粉，林甲针.中学生学习心理团体辅导 [M].福建闽教图书有限公司，2017.

[16] 王菁华，初冬青.让青春不再迷茫 高校学生工作及心理辅导案例 [M].青岛：中国海洋大学出版社，2014.